中国珍贵典籍史话丛书
⑳

《孙子兵法》史话

熊剑平 ◆ 著

国家珍贵古籍名录·孙子兵法

國家圖書館出版社

图书在版编目（CIP）数据

《孙子兵法》史话 / 熊剑平著 .-- 北京：国家图书馆出版社，2018.1

（中国珍贵典籍史话丛书）

ISBN 978-7-5013-6312-4

Ⅰ. ①孙… Ⅱ. ①熊… Ⅲ. ①兵法—中国—春秋时代 ②《孙子兵法》—研究 Ⅳ. ① E892.25

中国版本图书馆 CIP 数据核字（2017）第 299682 号

书　　名 《孙子兵法》史话
著　　者 熊剑平　著
责任编辑 许海燕

出　　版 国家图书馆出版社（100034　北京市西城区文津街 7 号）
（原书目文献出版社　北京图书馆出版社）
发　　行 010-66114536　66126153　66151313　66175620
66121706（传真）　66126156（门市部）
E-mail nlcpress@nlc.cn（邮购）
Website www.nlcpress.com →投稿中心
经　　销 新华书店
印　　装 北京联兴盛业印刷股份有限公司
版　　次 2018 年 1 月第 1 版　2018 年 1 月第 1 次印刷

开　　本 710 × 1000（毫米）　1/16
印　　张 11.5
字　　数 120 千字
印　　数 1—3000 册

书　　号 ISBN 978-7-5013-6312-4
定　　价 50.00 元

《中国珍贵典籍史话丛书》顾问

孙子画像

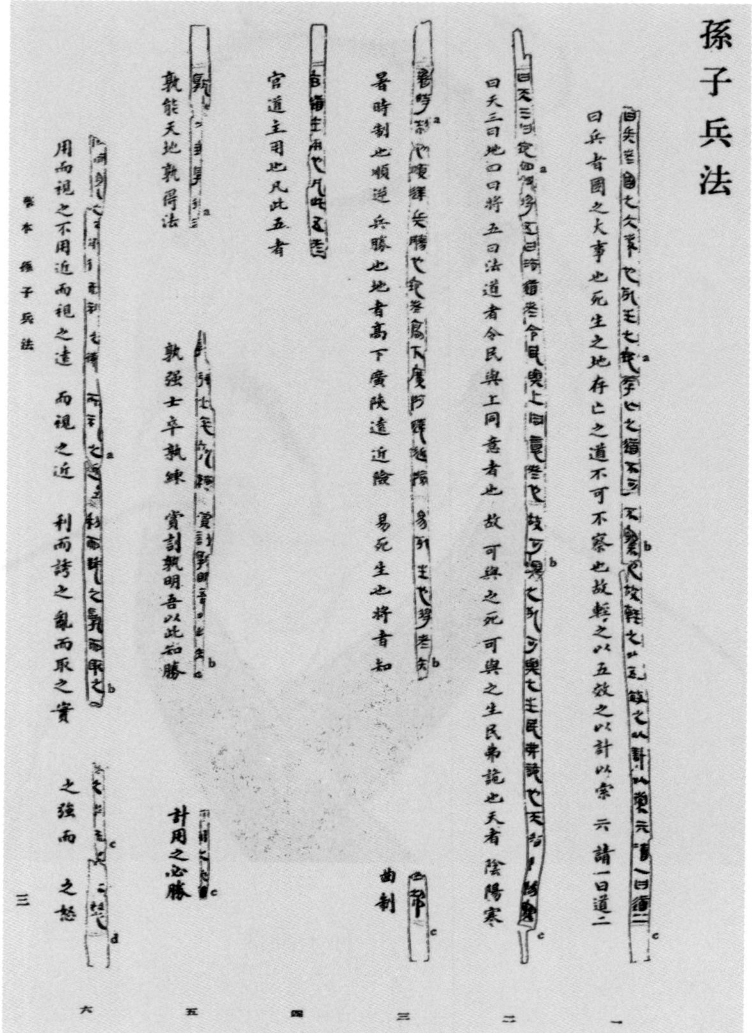

《孙子兵法》银雀山竹简摹本

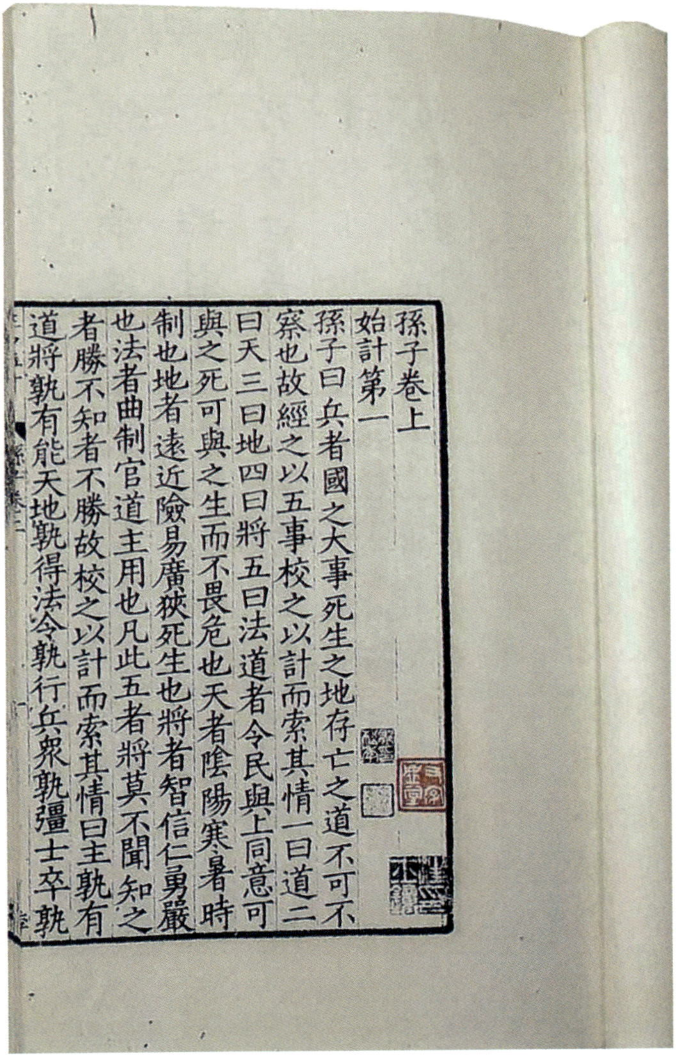
孫子卷上

始計第一

孫子曰兵者國之大事死生之地存亡之道不可不察也故經之以五事校之以計而索其情一曰道二曰天三曰地四曰將五曰法道者令民與上同意可與之死可與之生而不畏危也天者陰陽寒暑時制也地者遠近險易廣狹死生也將者智信仁勇嚴也法者曲制官道主用也凡此五者將莫不聞知之者勝不知者不勝故校之以計而索其情曰主孰有道將孰有能天地孰得法令孰行兵衆孰彊士卒孰

宋本《武经七书》

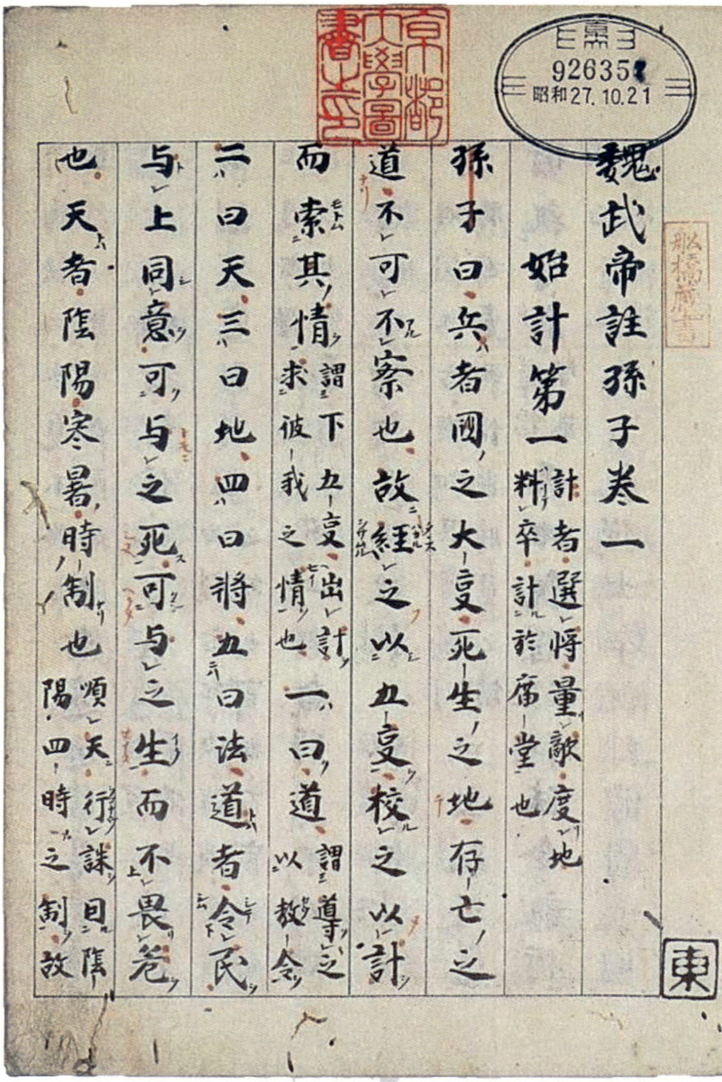
魏武帝註孫子巻一

始計第一 計者選将量敵度地料卒計於廟堂也

孫子曰兵者國之大事死生之地存亡之道不可不察也故經之以五事校之以計而索其情 謂下五事出計求彼我之情也 一曰道 謂導之以教令 二曰天三曰地四曰將五曰法道者令民与上同意可与之死可与之生而不畏危也天者陰陽寒暑時制也 順天行誅因陰陽四時之制故

日本京都大学收藏《魏武帝注孙子》

《中国珍贵典籍史话丛书》序

书籍是记载人类文明发展历程的重要载体，是传播知识和保存文化的重要途径，它蕴藏着丰富的历史文化内涵，是人们汲取精神营养和历史经验的重要来源，在民族兴衰和文化精神的传承维系中，发挥着不可替代的作用。

《尚书·多士》云："惟殷先人，有册有典。"在中华民族数千年的岁月里，人们创造出浩如烟海的典籍文献。这些典籍是中华文明的结晶，是民族生存的基石和前进的阶梯。作为人类发展史上最有价值的文化遗产之一，中国古代典籍是构成世界上唯一绵延数千年未曾中断的独特文化体系的主要成分。

然而，在漫长又剧烈变动的历史中，经过无数次的兵燹水火、虫啮鼠咬、焚籍毁版、千里播迁，留存于世间的典籍已百不遗一。幸运的是，我们这个民族具有一种卓尔不群的品质：即对于文化以及承载它的典籍的铭心之爱。在战乱颠沛的路途上，异族入侵的烽火里，政治高压的禁令下，史无前例的浩劫中……无数的有识之士，竭尽他们的财力、智慧乃至生命，使我们民族的珍贵典籍得以代代相传，传承至今。这些凝聚着前人心血的民族瑰宝，大都具有深远的学术影响、独特的艺术魅力和突出的文物价值，是今天人们了解和学习我国优秀传统文化的宝贵实物资料。它们记载着中华民族的辉煌历史和灿烂文化，诉说着中华民族的百折不挠、临危不惧的民族精神，是先辈留给我们的宝贵精神财富。

新中国成立以来，党和国家高度重视典籍文献的保护工作。2007 年启动实施的“中华古籍保护计划”，由国家古籍保护中心（国家图书馆）负责实施，成效显著，在社会上产生了极大的反响。迄今为止，已由国务院陆续公布了四批《国家珍贵古籍名录》，收录了全国各类型藏书机构和个人收藏的珍贵古籍 11375 部，并拨付专项资金加以保护。可以说，这是一项前所未有的伟大事业。

尽管我国存世的各种典籍堪称汗牛充栋，但为典籍写史的著作却少之又少，许多典籍所蕴含的历史故事鲜为人知。如果不能及时加以记录、整理，随着时代的变迁，它们难免将逐渐湮没在历史长河中，成为中华文明传承中的一大憾事。为此，2012 年年底，国家图书馆启动了“中国珍贵典籍史话丛书”项目，旨在“为书立史”“为书修史”“为书存史”。项目由“中华古籍保护计划”支持立项，采取“史话”的形式，选择《国家珍贵古籍名录》中收录的蕴含着丰富历史故事的珍贵典籍，用通俗的语言讲述其在编纂、抄刻、流传、收藏过程中产生的引人入胜、启迪后人的故事，揭示其与当时的政治、经济、文化和社会发展的密切关系，力图反映中国书籍历史的辉煌与灾厄、欢欣与痛楚。通过生动、多样、丰满的典籍历史画面，使人们更深入地了解和认识典籍，领略典籍的人文精神和艺术魅力，感受中华文化的深厚底蕴。

中华优秀传统文化是我们最深厚的文化软实力。“中国珍贵典籍史话丛书”是以人们喜闻乐见的方式弘扬中华民族博大精深的灿烂文化，使书写在古籍里的文字活起来的一次有益尝试。从书力求为社会公众提供普及读物，为广大文史爱好者和从业人员提供学习资料，为专家学者提供研究参考。其编纂主要遵循两个原则：一是遵循客观，切近史实。本丛书是关于典籍的信史、正史，而非戏说、演义。因此，每一种史话都是作者钩沉索隐、多方考证的结果，力求言之有据，资料准确，史实确凿，观点审慎；二是通俗生动，图文并茂。本丛书旨在让更多的人了解和热爱中华典籍，通过典籍深入理解中华文化。相对于一般学术著作，它更强调通俗性和生动性，以史话的方式再现典籍历史，雅俗共赏，少长咸宜。

我们真切地希望，通过这套丛书，生动再现典籍的历史，使珍贵典籍从深闺中走出来，进入公众的视野，走进每位爱书人心中，教育和启迪世人，推动“关爱书籍，热爱阅读”的社会风气的形成，让承载着中华文明的典籍在每个人心中长留悠远的书香，为提升全民族文化素养、推动传统文化与时代精神的融合发展做出积极贡献。

“中国珍贵典籍史话丛书”项目自启动以来，得到了社会各界的广泛关注和专家学者的大力支持。一批有较高学术造诣的专家学者直接参与了丛书的策划和撰稿工作，并对丛书的编纂工作积极建言献策，给予指导。借此机会，深表感谢。以史话的形式为书写史，尚属尝试，难免有疏漏、不妥之处，敬请专家学者批评指正，也欢迎广大读者提出宝贵意见和建议。

韩永进

2014 年春于北京

目　　录

第一章　兵典问世

——《孙子》的作者及成书情况

“上兵伐谋”“知彼知己”“致人而不致于人”“避实而击虚”“并敌一向”等军事格言，一直脍炙人口，广为流传。这些富有哲理的格言，无一例外地出自春秋晚期杰出兵书——《孙子兵法》（以下简称《孙子》）。这本书的作者是谁？成书于何时？存有哪些未解之谜？让我们先对这些情况进行一些介绍。

第一节　诞生背景

《孙子》是一部伟大的兵学经典，是我国古代兵书的杰出代表，也是中国古代兵学文化高度发达的明证。它的诞生，有着特定的社会环境和时代背景，是上古至春秋时期战争样式逐步变化、兵学理论不断发展的产物。

一、战争观和战争样式的变化

春秋时期，随着礼崩乐坏和旧秩序的瓦解，争霸战争愈演愈烈。旧有道德理念和信仰等，都渐渐遭到怀疑和否定，战争观念也由此悄然发生改变。西周以来那种以“军礼”指导和制约战争的现象，逐渐烟消云散。具体表现是，诸如“不擒二毛”“不杀黄口”等观念渐渐遭到抛弃，“鸣鼓而战”、堂堂之阵这些战法也被逐步否定，“诡诈”战法渐渐大行其道，不知不觉中，战争观念已经完成了由“以礼为固”“以仁为本”向“兵以诈立”的过渡。

标志着风气转变的代表性战争是宋楚泓之战。由于尊奉古军礼的战争观念作祟，宋襄公在泓之战（前 638）中屡屡坐失作战良机，故而导致战争失利，自己也身负重伤。战后，他为自己辩解：君子不再伤害已经受伤的对手，不俘虏头发花白的士兵，不靠在险恶的地方设伏来阻击对方，不攻击还没有摆好阵势的敌手……宋襄公所说的这些战法，在后世兵家看来都是违背常理的愚蠢举动，但在特定的历史背景下却又情有可原，因为这是对上古时期尊奉军礼之风的忠实继承。只是当时的楚人已经不愿意陪他玩这一套规则，宋襄公只能就此落得个兵败受伤的下场，也由此沦为人们的笑柄。

《司马法》中倡导的“以仁义为本”的战争观，在春秋时期被彻底抛弃。春秋前期，管仲尚且能够用“尊王攘夷”等标榜道义之举，成功辅助齐桓公称霸，但稍晚的宋襄公却因为严格尊奉“不擒二毛”“不鼓不成列”等古军礼而在泓之战中招致惨败，这非常生动地说明了战争观念悄悄发生转变的情形。宋襄公的落败，说到底是不能顺应情势变化所致，他没能把握历史发展的脉搏。

汉代班固曾经指出：“自春秋至于战国，出奇设伏，变诈之兵并作。”[①] 春秋晚期，尤其是在南方地区，战争中使用诡诈之术的现象越发明显。南

① 《汉书·艺文志·兵书略序》。

方被视为蛮夷之地，作战不拘泥于中原的那一套军礼的束缚，欺敌误敌、示形动敌等诡诈战法在这里得到自由发挥。吴、楚之间的几场大战都是变诈之术充分运用的典型战例。比如公元前 570 年，楚军进攻吴国时，吴军半路截击，大破楚军。十年后，吴、楚再次交战，楚军也是通过诱敌之计击败吴军。显然，过去那些“成列而鼓”之类的主张，已经被他们无情抛弃。

伴随着战争观念的变化，作战方式也发生了很大变化。在春秋前期和中期，战争以车战为主。到了春秋晚期，步兵开始崛起，使得步战更加受到重视，车战的战术因为步兵的加入而发生重大变化。两军交战时，交战双方更追求军阵的变化和车、步兵力的合理配置，努力搞好战术协同，武器装备配置，以求机动灵活。由此开始，攻其无备、出其不意、欲取先予、避实就虚、巧妙设伏等战法，受到将领们越来越多的重视。车战战术的丰富多变和广泛运用、战争方法的多样变化，使得军队战斗力得到大规模提升，作战双方也力求通过多边的战术击败对手。《孙子》丰富的战术思想，正是这种战争文化孕育的结果。

总之，战争观的变化与作战方式的发展，促进了战争理论相应发生变化。孙武顺应战争发展，很好地把握了这种变化的轨迹，并致力于兵学理论创新，终于有了《孙子》这部伟大兵学经典的诞生。

二、兵学理论的发展

除了战争的直接催化之外，上古时期的兵学理论建树和兵学思想的快速发展，对《孙子》的诞生也起到了非常关键的作用。

早在夏商时期，古典兵学思想就已经孕育并开始萌芽。从甲骨卜辞中已经可以看到侦察敌情、布阵设伏及申明军令等思想内容。到了西周时期，兵学理论更是获得了长足发展。金文及《尚书》《易经》《诗经》《逸周书》

等典籍中，对战争现象和军事问题均有不同程度的探讨和总结，甚至也有诸如《军志》《军政》《令典》和古《司马兵法》等专门记载和论述军事问题的著作出现。这些兵书，是上古兵学理论逐步发展的产物，虽早已亡佚，但无疑促进了孙子等后来者对军事问题的深入思考。这些古代经典所提出的一系列重要的军事原则，尤其是其中的一些合理成分，都被《孙子》所消化吸收。

比如说，《周易》主张“师出以律”，强调严肃军纪，也重视地形地貌与征伐作战的关系等，均对孙子产生了巨大影响。《孙子》“令（合）文齐武”的治军思想，《地形篇》《九地篇》等相关军事地形的丰富论述，都可以在《周易》身上找到一丝影子。《军志》中对先发制人和后发制人的辩证态度，及强调吊民伐罪、德主兵辅等战争观，也对孙子著作《孙子》产生过深远的影响。《孙子》中“安国全军”“唯民是保”的战争观等，也可以在这里找到源头。

齐国素以兵学发达著称，齐地产生的著名政治家和军事家，如姜太公、管仲、司马穰苴等人，都以善于用兵著称于史，有的甚至留下了光耀千秋的著述，这不能不促进孙子提升思考军事问题的深度。姜太公，即吕尚（姜尚），富有军事谋略，曾帮助周武王成功灭商，建立起周王朝。因为善用谋略指导战争，并且富有实绩，他被长期尊为“兵家之始祖”，不少兵书托名于他。春秋早期的名相管仲，同样善于权谋术，曾经以“尊王攘夷”为旗帜，成功辅佐齐桓公成为春秋首霸。至于春秋末期的军事家司马穰苴，时代略早于孙武，曾对古代兵学理论进行过系统总结。有些研究专家认为他可能是孙武的祖先。司马迁曾称赞他“自古王者而有司马法，穰苴能申明之”。司马穰苴相关兵学的理论思考和理论著作，对孙武产生了重要启示。

略早于孙武的老子也对战争问题进行过深入思考，这些兵学理论也为《孙子》的诞生提供了重要启示。老子“善胜敌者不与”的战略指导，“不以兵强于天下”的境界追求，与孙子“不战而屈人之兵”全胜战略颇有相通之处。老子的“以正治国，以奇用兵”主张，充分概括了政治活动和军事活动的不同特点，点出了军事斗争崇尚奇变的本质属性，这一点也得到了孙子的忠实继承。老子“欲取先予”等谋略思想，尤其是“将欲歙之，必固张之；将欲弱之，必固强之；将欲废之，必固兴之；将欲夺之，必固与之”等谋略术，对孙子“能而示之不能，用而示之不用”等谋略思想，也产生了很大的启示。如果将孙子的“诡道十二法”与其进行比较，不难看出二者的相似性。

总之，上古至春秋时期战争观念的转变、丰富的战争实践，以及快速发展的兵学理论，造就了《孙子》，为这部兵学经典的诞生提供了土壤和条件。

第二节 作者生平

《孙子》的作者，一般认为是孙武，这在《史记》中有明确记载。但有关孙武的身世，《史记》中的记载却很简略，甚至只有一句话：“孙子武者，齐人也。”齐，也就是今天的山东一带。除了这些之外，司马迁就没再多说别的。有关孙武，司马迁所知道的情况非常有限。

据《新唐书》等书记载，孙子出身于齐国一个具有很高兵学造诣的田氏家族，和春秋晚期一代名将田穰苴（即司马穰苴）是同一个家族，所以自幼便受到良好的军事学熏陶。这则材料固然丰富了孙子的身世，但毕竟是较晚出现的材料，可信度多少要打些折扣。

一、吴国拜将

关于孙武的生平事迹，《史记》记载得稍微详细一些，但也有很多细节没有交代，留给人们无限遐想的空间。

据《史记》记载，孙武虽是齐国人，却并未守在父母之邦，而是远走他乡，来到吴国建功立业。不知何时，孙武完成了《孙子》十三篇的写作。随后，他将这十三篇兵法呈递吴王阖闾，受到吴王召见。这之后，便有了著名的“吴宫教战”的故事发生，阖闾由此知道孙武很有军事才能，因此任命他为将军。孙子在拜将之后，协助伍子胥伐楚，并获得五战五胜的佳绩，吴王由此成为霸主。

“吴宫教战”这件事，《史记》和银雀山竹简《见吴王》都有比较详细的记载，二者相差不大，以竹简的记载更加翔实而合理。当然，竹简中也有不少文字脱落，二者适当结合，则可以将这段故事还原得相对完整一些。

孙武因为精通兵法受到吴王阖闾接见。在馆舍中，阖闾对孙武说：“寡人喜欢探讨军事问题，先生精通这些，可以请教一二吗？寡人喜欢打仗。”

孙子回答说：“战争是用来追求利益的，不宜太过热衷，因为它非比儿戏。君王如果当成热衷的爱好，用游戏的态度来问我，臣不敢应答。”

阖闾说：“寡人未尝闻道，不敢用这种方法来追求利益……您的十三篇兵书我都看过了，可以试着去小规模地指挥军队吗？”

孙武回答道：“可以，而且完全按照大王您的意愿来进行，选用什么样的人来做试验都没关系，不论是高贵的还是低贱的，也不论是男是女……"

阖闾："寡人倒是非常愿意拿妇女试一下。"

孙武："妇人多不忍心，恳请更换人选，也担心大王会后悔。"

阖闾："先生不用担心，寡人有什么可后悔的呢？"

看到阖闾态度坚决，孙武只得挑选宫女展开训练，约定了演练时间和地点。阖闾下令将选定的宫中美女180人交给孙武进行操演。孙武对吴王说："军阵未演练完成的时候，大王不用来观看。您可以先安居高台之上等候，等训练成功之后，这些人就可以任由大王驱使了。"

阖闾说："好。"

随后，孙武把这些娇媚的宫女分为左、右两队，指定阖闾最宠爱的两位美姬担任队长，命令宫女们各持长戟，等候调遣。同时委派自己的驾车人和陪乘者分别为司马和司空，一起监督宫女练兵，负责执行军法。

一切安排就绪后，孙武登上指挥台，向众宫女严肃地宣讲操练要领。他问宫女："你们都知道自己的前心、左右手和后背吗？"

宫女们回答："知道。"

孙武："当听到喊'向前'，就朝着心所对的方向；'向左'，就朝着左手方向；'向右'，就朝着右手方向；'向后'，就转向后背的方向。一切行动，都以鼓声为准。大家都听明白了没有？"

宫女们："听明白了！"

孙武随即反复申明军法："命令发出之后，凡是不听从命令的，一律斩首。"孙武又下令摆好斧钺等刑具，把号令重复交代清楚。

准备工作就绪，孙武随即宣布演练开始，擂鼓命令她们向右行进。结果，只见众宫女笑得前仰后合，一片混乱，全然不听招呼。孙武停下来，对她们说：“这次我规定得不够明确，你们对法令不够熟悉，是我的过错。”

于是，孙武又将军法、军令和操练要领等，仔细地交代数遍。没想到等他再次击鼓，指挥宫女向左方前进时，宫女依旧不听命令，仍然大笑不止。于是孙武召集司马和司空说道：“规定不明确，交代不清楚，那是我为将者的责任。现在军纪军法已宣布明白，训练内容又三令五申，这种情况下仍然不执行命令，那就是下级军官的罪过了。”

孙武二话不说，决意要杀左、右两队的队长。吴王正在台上观看，看到孙武要杀自己的爱妾，不由得大吃一惊，急忙派使臣传达命令说：“我已经知道将军很会用兵了。我要是没了这两个侍妾，吃起东西来都不香甜，希望你不要杀她们。”孙武回答说：“我已经接受命令为将，将在军中，即便是国君的命令，也是可以不接受的。”还是执意杀了两位队长，再按顺序任用两队第二人为队长。

这之后，孙武再击鼓发令，不论是向左向右、向前向后，还是跪倒、站起，宫女们都完全符合号令和纪律要求，再没有人敢出声。于是孙武派出使臣向吴王报告说：“队伍已经操练整齐，大王可以走下来查看验收了。任凭大王使用，即使叫她们赴汤蹈火也可以办到。”

吴王回答说：“让将军停止演练，回去休息吧。我不愿下去查看了。”

孙武感叹道：“大王只是欣赏我的军事理论，却不能让我付诸实践。”随后遣散宫女，乘车返回馆舍休息。

吴王阖闾失去了两位美姬，心情自然不佳，甚至一连几天都闷闷不乐，但他由此知道孙武果真善于用兵，最终还是任命他做了将军。二人见面后，孙武对阖闾解释了斩杀美姬的原因：“平时养成严格的纪律，是将帅的基本之道。作为领兵之将，只有威行于众，严行于吏，在三军之中树立威信，才能率领他们迎敌。”

以上我们将竹简文献和传世文献结合起来，可以看到一个情节相对丰满的“吴宫教战”的故事。竹简文献《见吴王》和《孙子吴起列传》之间，内容上仍属大同小异，但文字上尚有一些差异，值得玩味。

在《见吴王》中，孙武和吴王见面之后，首先讨论的是关于战争问题的看法。针对吴王标榜自己“好兵”的行为，孙武毫不隐晦地表达了他自己对于战争的认识：“兵，利也，非好也。兵，□〔也〕，非戏也。”可知，孙武在与吴王见面之后，不是一味顺着吴王、迁就吴王，反而是对好战的阖闾进行积极规劝，这是孙武的个性和才情使然，也和《孙子》十三篇中所体现的慎战思想是一致的。而吴王阖闾可能正是由此看出孙武识见超人，故而才进一步提出了“小试勒兵”的要求，这才有了后面“吴宫教战”的故事发生。

从《见吴王》中，我们可以看出孙武曾经就勒兵的对象提供了诸如贱者、贵者、妇人之类多个选项。而吴王则是对“试阵于妇人”产生了好奇和惊讶之情，所以最终决定挑选宫中妇人供孙武训练之用。见此情形，孙武一度以“妇人多不忍”为借口，请求更换训练对象，但最终遭到了吴王的断然拒绝。就训练过程来说，在《见吴王》中我们可以看到孙武的准备工作更加充分，其中充分体现了孙武对这次演练的重视程度。就最后结果来看，竹简文献和《史记》之间也存有很大差别。《见吴王》中，吴王在盛怒之下很多天不想见到孙武，是经过了很大的一个思想转折才最终任命孙武为将。《史记》中的情节则略显突兀，至少吴王的思想转折来得太快了。

相同的事情在《孙子吴起列传》中，情节完整程度、生动程度、曲折程度等，较诸《见吴王》都有很大差距。由于很多情节都没有了，所以我们在《孙子吴起列传》中看到的是一个略显突兀和稍感险峻的故事——这一度是宋代以来不少学者怀疑《史记》相关记载真实性的主要原因。事实上，在出土文献中的“吴宫教战”故事，一切都显得更合乎情理，并不那么突兀和险峻。“吴宫教战”故事，历史上很可能确有其事。《见吴王》和《孙子吴起列传》之间，既具有共性、更存在差异的现象，可以让我们对司马迁的相关记载再添一份信任，可知司马迁的记载并非出自杜撰，而是由来有自。与此同时，这些简文也为我们提供了有关孙武其人和他所处时代的更多信息。

总之，在经历吴宫教战之后，吴王阖闾多次与孙武谈论治国之道和用兵之理，分析列国战略格局及演变趋势，寻求对吴国最为有利的战略抉择。

根据银雀山出土文献，孙武还向阖闾介绍了黄帝征伐赤帝等历史经验，指出只有得天之道，得地之利，又得民之情，才可以无往而不胜。根据《吴问》，阖闾曾向孙武询问晋国政治及其变化。孙武便就此讨论预测了春秋末期晋国几大家族的兴衰存亡，认为税制最轻的赵氏会笑到最后，战胜其他五个家族。当然，他的预测有对有错。其中，预测范、中行、智氏灭亡次序是对的，而预测晋国将归于赵氏则是完全说错。这一对一错，让专家们相信，《吴问》应该是在智氏灭亡到赵、韩、魏三家自立为侯的50年内撰写的。无论如何，孙武由田制和税制出发，考察王室兴衰，所体现的是一种进步的民本思想。孙武进一步指出：“六卿之中，以赵氏的亩制最大，征收租赋也不过分。亩大，税轻，取民有度，官兵数量少，在上者不致过分骄奢，在下者尚可温饱生存。所以，赵氏必然兴旺发达，晋国的政权最终要落入赵氏之手。”孙武的这番言辞让阖闾很受触动，连声称赞，并且感慨道：“看来王者的成功之道，就在于厚爱他的民众，不失人心啊！”

二、伐楚献谋

孙武拜将之后，吴国向西打败了强大的楚国，攻克郢都，向北威震齐国和晋国，在诸侯各国间声名鹊起。这其中，孙武出了很大力气，建有大功。在他和伍子胥的苦心经营下，吴国“南服越人，北威齐晋”，自此奠定霸业。

吴国崛起过程中，必然要和西边的楚国产生尖锐矛盾。当时，晋国出于对抗楚国的需要，一直拉拢和扶植吴国，加之吴国经过长期发展，已经有了实力对抗楚国。但是，面对阖闾急于求成的心态，孙武极力予以谏阻，“民劳，未可，待之”[①]，希望吴王沉着冷静，等待最佳时机。

当时的楚国，虽然已经日见没落，但在军事实力上还是明显优于吴国。楚国为了对付吴国，极力拉拢越国，从侧后对吴形成威胁。加上北方的齐、鲁诸国忌惮吴国坐大，也不断对其施加压力，吴国在战略环境上也处于三面受敌的不利局面。更为关键的是，楚国拥有一支规模庞大而且富有实战经验的军队，数量巨大（甚至达 20 万之众），兵种齐全，装备精良。吴国军队只有区区数万，而且很多部队属于新建，缺少战争经验。与楚国的交战，注定是一场非对称作战。

在这种情况下，孙武、伍子胥等人向吴王阖闾提出了集中兵力攻打楚国的建议，为阖闾所接受。但是，吴国要想兴兵伐楚，就必须千里行军，深入楚国腹地，这属于“劳师袭远”，历来为兵家大忌。楚国的都城郢城，也非常雄伟坚固，易守难攻，想取得胜利并不容易。

面对困局，孙武等人没有消极坐等，而是积极创造条件，努力创造伐楚良机。他们首先铲除楚国羽翼，消灭了徐国和钟吾国这两个楚国的属国，削弱楚军的同盟军，为伐楚扫清障碍。次年，孙武又指挥吴军攻克养城，

① 《史记·吴太伯世家》。

擒杀掩余和烛庸两公子，扫清了楚国在淮水北岸的势力。在成功策动桐国（今安徽桐城县北）叛楚之后，孙武“攻其不备，出其不意”，大破楚军于豫章，攻克巢地，活捉公子繁。

轮番出击，疲楚误楚，是吴军发起入郢之役前的关键一步。在伍子胥和孙武的建议下，吴军被编为三队，轮番出击，不断地骚扰楚军。每当楚军出动，吴军就立即退回，等到楚军撤退，吴军再次出动，楚军由此而疲于奔命，不堪其扰，进而在判断和指挥上都出现重大失误。这种“疲楚误楚”之计明显是孙武“示形动敌”“以迂为直”等战术原则的具体体现。

几年时间下来，吴军夺占楚国多处战略重地，楚军则是疲于奔命，斗志渐无。更为致命的是，吴军这种战法，让楚军产生错觉，误以为吴军的每次行动仅是骚扰，忽视了吴军“佯动”的真正意图，放松了警惕之心，最终吞下覆灭的苦果。

等吴军初步控制江淮流域的豫章地区这一战略要地之后，对楚国的战略决战随即提上议事日程。阖闾委任孙武、伍子胥、伯嚭等人为将军，胞弟夫概为前敌先锋，倾全国之兵，并联合唐、蔡二国，发起战略奇袭，拉开了柏举之战的序幕。吴军“以迂为直”，大规模迂回到楚军侧后，神不知鬼不觉地通过了楚国北部的大隧等重要险隘，挺进汉水东岸。楚军得到消息，不得不被动应战，在汉水一带与吴军形成对峙。

看到楚军仓促迎战，其主帅囊瓦又贪功冒进，吴军主动由汉水东岸后撤，引诱楚军往前追赶。等楚军追赶至柏举地区（今湖北汉川市北，一说今湖北麻城）之后，吴军果断发起决战。夫概率领所部五千余众奋勇进攻，楚军猝不及防，阵势大乱。见此情形，阖闾、孙武乘机指挥吴军主力投入战场，扩大战果，楚军只得狼狈溃逃。吴军紧追不舍，在柏举西南的清发水（即溳水，今湖北安陆西）追上楚军，采用“半济而击”的战法，对渡河逃命的楚军造成沉重打击，又对正在埋锅做饭的楚军残兵败将发起袭击，楚军被彻底击溃，主将沈尹戌伤重身亡。在这一系列追击战之后，郢都（今湖北江陵西北）完全暴露在吴军眼前。孙武等人指挥吴军继续挺进，五战五胜，直扑郢都。楚昭王见大势尽去，只得携少数臣子逃往随国（今湖北随州），吴军一举攻陷郢都。

在这次长途奔袭中，孙武军事思想得到了最大程度的施展。孙武兵学理论的一些精华内容，如“兵者诡道”“避实击虚”“以迂为直”“示形动敌”等，均在战争中获得充分运用，并取得了完全成功。可以说，这次袭楚战争的整个过程中，孙武的出谋划策起到了非常重要的作用，因此而得到司马迁的高度评价。

《史记》中还记载，在孙武死后一百多年又出了一个著名军事家孙膑。孙膑出生在齐国的阿城和鄄城一带，是孙武的后代子孙。

第三节　身后谜团

被誉为“百世谈兵之祖”的《孙子》，在头顶炫目光环的同时，也给我们留下了重重谜团。关于这本兵学经典的很多问题，历史上一直众说纷纭，难有定论。尤其是关于《孙子》作者和成书年代问题，直至今天仍然有很多争议。

一、著述之谜

很多人都相信，著名的《孙子》十三篇就是孙武的著述，因为他们握有最有力的证据：司马迁的《史记》。在《孙子吴起列传》中，司马迁借吴王之口说出了这个史实：孙武在拜见吴王之前，曾用自己精心撰写的十三篇兵法作为敲门砖，又用“吴宫教战”这种非常特别的方式证明了自己善于用兵，进而打动吴王，拜其为将。

《史记》中的相关记载，汉唐之间一直鲜有怀疑，但到了疑古之风盛行的宋代，便开始不断地有人提出异议。梅尧臣、欧阳修、叶适等人先后对司马迁发起挑战。他们持论的主要依据有：第一，《左传》中并不能见到孙子的事迹；第二，《孙子吴起列传》中所记载的“吴宫教战”之事，更像是在说故事，奇险而不足为信；第三，《孙子》书中透露出不少战国时代特征。根据这些情况，他们将《孙子》断定为战国时期成书。

这之后，不少学者跟进响应，纷纷怀疑司马迁的相关记载。由宋代开始的这种怀疑之风，得到了很长时间的延续。从明到清，甚至直到今天，一直都有人继承这种怀疑之说。有学者甚至考证出孙武和孙膑其实是同一个人，也有学者干脆将《孙子》判定为伪书。而且，“怀疑说”得到越来越多的支持者，司马迁在《史记》中的记载几乎要被驳倒了。

但是，当我们冷静分析这些怀疑之论时，可以发现其中不少纯属推测之论，甚至不乏盲从和跟风成分，多少有点疑古过勇，是一种怀疑论的古史观念作祟，缺乏非常确凿的考证和论证。比如说，日本学者武内义雄，曾认为孙武和孙膑是同一个人，“膑”是他的绰号①。我国著名学者钱穆的观点与其几乎一模一样②。这种说法固在当时看来很有新意，但终究也是一种揣测之论，而且在银雀山出土文献面前完全被轻易地驳倒。

① （日）武内义雄：《孙子十三篇之作者》，载《先秦经籍考》，上海文艺出版社1990年影印商务印书馆1931年江侠庵编译本，第377页。

② 钱穆：《先秦诸子系年·孙武辨》，商务印书馆，1935年版。

1972年，山东临沂银雀山出土的汉简，还在很大程度上支持着《史记》的观点。在这批考古学家推断为西汉初年的竹简中，有0233号竹简写有“吴王问孙子曰……”又有0108号竹简写有“齐威王问用兵，孙子曰……”[①]这表明，孙子本来就有两个，其一活动于春秋末期的吴国，另一则活动于战国时期的齐国，各有兵法传世。很显然，这些材料对《史记》的相关记载提供了直接的证明。竹简中曾两次提到了“十三扁（篇）”，和《孙子吴起列传》中两称“十三篇”，也形成了遥相呼应之势。尤其是传本十三篇中，除了《地形篇》之外，其余十二篇均有或多或少的文字出土，这也足可证明司马迁所记载的有关《孙子》的内容是可信的。

这些出土竹简和司马迁撰写《孙子吴起列传》所依据的材料，更大可能是各有来历。《孙子吴起列传》中所记载的“吴宫教战”不仅较《见吴王》中的情节奇险，而且缺少了更为重要的诸如“孙吴论兵”等环节。进一步讲，《孙子吴起列传》中相关孙子的笔墨显得太过简略，而且也没有诸如《吴问》这样的孙武预测晋国走向之事，所以，我们大可相信司马迁并没有看到银雀山竹简这批材料。既然如此，银雀山竹简文献是可以和《孙子吴起列传》求得互证的材料。围绕孙子其人其书的争论，也应据此重新再作一番审视。因此，我们主张在讨论孙子其人其书问题时，不妨还是回到《史记》，固守《孙子吴起列传》。原因很简单，因为有了众多出土文献来做证明，司马迁的著述因此而变得更为可信了。

二、死因之谜

众所周知，关于孙武的结局，历史上一直存有两种比较有影响的说法。其中一种是以《吴越春秋》为代表，记载的是孙武隐居的故事。孙武在看

① 吴九龙：《银雀山汉简释文》，文物出版社，1985年12月第1版，第14页。

到吴国内部纷争越来越厉害、很难自保之后，便飘然高隐，隐居起来著书立说。

另外一种说法是出自《汉书·刑法志》，孙武死于吴国的内斗，魂断江南："孙、吴、商、白之徒，皆身诛戮于前，而国灭亡于后。报应之势，各以类至，其道然矣！"这段话中的"孙"，既然摆在吴起之前，应当是指孙武。也就是说，孙武同样没能摆脱"飞鸟尽，良弓藏；狡兔死，走狗烹"的悲惨命运。

这两种观点中，我们更倾向于认同后面一种。也就是说，孙武更有可能是死于吴国的政治斗争。其中原因非常简单：《汉书》毕竟是一部非常严肃的史书，而《吴越春秋》等书则被《四库全书总目提要》认定为"小说家言"。两相对比，我们更应该相信谁，不言自明。

当时的吴国，外部一直面临楚、越的步步进逼，内部则被迫完成王位接替和政权交接（阖闾在与越国交战过程中受伤而亡）。身为两朝重臣的伍子胥，虽然在伐楚的过程中立有大功，却无法获得吴王夫差的信任，反倒因为越国买通伯嚭，实施了反间计，而被夫差逼死。在这种背景下，孙武很可能类似于伍子胥一样，身披政治斗争之祸，最终惨死于吴国。

第四节　重要版本

《孙子》流传很广，版本甚多，很可能在先秦时期就已经形成了多种版本。《韩非子·五蠹》中说："境内皆言兵，藏孙吴之书者家有之……"韩非"家有之"一语，充分说明《孙子》在战国末期的流传之广，同时也提醒我们，很可能在那个时候就已经有了多种《孙子》抄本在流传。

一、汉简本

1972年4月，在山东临沂银雀山汉墓中出土了竹简本《孙子》。所以，汉简本《孙子》是我们今天所能看到的最早的《孙子》抄本，却也是最晚才发现。

银雀山竹简文字并不是完全成熟的隶书。不管是端正，还是潦草，都夹杂着明显的篆书风格，体现出由篆书向隶书过渡的特征。所以，这批竹简文字应该属于西汉早期文字，故此，考古专家推断它们“是文、景至武帝初期这段时间内抄写成的”。传本《孙子》十三篇中，除《地形篇》外，其余十二篇在汉简本中均有或多或少的文字留存，《形篇》甚至还有甲、乙两种写本。汉简本中尚有大量的文字脱落的现象存在。如果将其与传本进行对照，汉简本《孙子》的文字只有传本的三分之一左右。也就是说，汉简本三分之二的文字已经脱落难寻。即便如此，这些残破的竹简也为我们提供了大量的相关古本《孙子》的重要信息，至少是向我们展示了《孙子》在西汉初期的生存面貌。

与《孙子》十三篇一起出土的，还有一块写有十三篇篇题的木牍，虽然残缺严重，也向我们传递出不少珍贵信息。至少我们可以从中看出，汉简本《孙子》的大多数篇名都与传本非常相似，这令我们相信，《孙子》早在西汉初期就已经是十三篇的规模和体制，与传本并无二致。

如果对汉简本和传本文字进行详细的对比考察，我们可以发现，二者之间其实也是互有优劣。汉简本虽然贵为古本，但它和传本一样，也存有脱衍的情况，汉简本的抄写也不无荒率之处。传本并没有因为流传千年而失去简古之风。我们还要看到，汉简本、传本虽然存在大量异文，但还是有着相当大的共性，正如专家所指出的那样："内容上差异不大，基本上是一致的。"

除了汉简本之外，我们能看到的较早的《孙子》抄本应该数到敦煌晋写本，见于罗振玉《汉晋书影》（1918年版）。可惜的是，该抄本残缺现象非常严重，仅仅存有十六行，而且还在上下折叠处断裂，正好缺去上半部分内容。从残存纸片可以看出，该抄本画有界栏，字迹清晰，能看出是《谋略篇》和《形篇》部分内容，而且可以看到若干双行夹注文字。从这些情况判断，这应该是一本久已亡佚的单注本，只是注者姓名和具体写成年代等均已无法详考。

二、宋本：武经本和十一家注本

我们今天所能见到的较为完整的《孙子》版本，应该数宋本。对于这些宋本，我们习惯将其分为两大系统：武经本和十一家注本。

《武经七书》的得来，是由于宋代的钦定武经。北宋元丰年间宋神宗钦定《孙子》《吴子》《司马法》《尉缭子》《六韬》《三略》《李卫公问对》等七部兵书作为武学教本，这七部兵书被统称"武经七书"。《孙子》在七部兵书中排名第一，也是最重要、成书最早的古代兵书。这个系统的《孙子》被称为"武经本"。武经七书本《孙子》，现存较早的版本为南宋刻本，原为嘉兴陆氏皕宋楼藏书，后来被日本人岩崎氏购得，藏于日本东京的静嘉堂。我们今天所能看到的是收于《续古逸丛书》的影印本。

我们今天还能看到据南宋孝宗刊本影刻的《魏武帝注孙子》，从文本考察，似乎与武经本关系比较密切，不少人将其归于武经本系统。今天的学者大多也是这么认定。《魏武帝注孙子》收入清代孙星衍《平津馆丛书》卷一，与《吴子》等合称《孙吴司马法》。当然，是书原本下落不明，如今只剩有顾千里摹本。

至于十一家注系统，我们今天所能看到的最早的本子也是南宋刊本《十一家注孙子》。是书原由上海图书馆收藏。中华书局上海编辑所于1961年出版了影印本和排印本，使得这部原本深藏秘府的宝典，自此进入寻常百姓家。自宋代以后，武经本《孙子》长期受到重视，十一家注本系统的影响并不大。清代的郑达和孙星衍等人先后在“道藏”中找到宋本十一家注《孙子》。孙星衍对该本进行了较为系统的校订，所校订之书则据《宋书·艺文志》名之曰《孙子十家注》，后收入《岱南阁丛书》。这之后，十一家注本《孙子》才渐渐受到世人瞩目，进而成为近世流传最广、影响最大的读本。

武经本、十一家注本和汉简本，应该算是三种版本。这三种版本之间，都多多少少地存有一些差异。比如就篇题而言，武经本和汉简本之间的差异较大，武经本的篇题显得过于整齐，十一家注本和汉简本则更为接近，篇题都不是十分整齐，虽说这二者之间也存有差别，但相似程度更高。

一般认为，传本是依靠着曹操注本才得以流传下来。比如杨炳安就曾指出，宋代以前的《孙子》主要是靠曹注流传。李零认为，我们现在所看到的《孙子》，就是靠曹操传下来的本子。无论是武经本，还是十一家注本，都和曹注本有着密切的联系。相信以曹操所处地位和特殊身份，应该有条件去广罗异本。而曹操所见到的本子，尤其是选定用来注释的本子，一定是经过了精挑细选，应该是善本中的善本。由于这个缘故，也有人将曹操注本视为与武经七书本、十一家注本并列的版本系统。

第二章 策无遗算

——《孙子》的战争观与军事谋略

《孙子》虽然只有六千言，却是一部思想深刻、语言优美、影响深远的兵学经典，故而长期被誉为“百世谈兵之祖”[①]。作者坐而论道，深入探讨战争原理，总结和阐发战争之法，就战争观和战略战术等进行了深入讨论。

第一节 基本组成及各篇主旨

《孙子》今存本共十三篇，共计六千字左右，虽说规模不大，却立意深远，是一部冠绝古今的兵学经典。现将该书的基本组成和各篇主旨介绍如下。

一、基本组成

《孙子》在流传过程中，产生了几种不同的版本，但各种版本的基本内容大致相同，只有篇名和个别文字上存有出入。

① 《少室山房笔丛·九流绪论》。

依据“十一家注本”，各篇篇题分别是：

一、《计篇》；二、《作战篇》；三、《谋攻篇》；四、《形篇》；五、《势篇》；六、《虚实篇》；七、《军争篇》；八、《九变篇》；九、《行军篇》；十、《地形篇》；十一、《九地篇》；十二、《火攻篇》；十三、《用间篇》。

“武经七书本”的各篇篇题与“十一家注本”存有若干差别，主要是字数非常整齐，具体如下：

一、《始计篇》；二、《作战篇》；三、《谋攻篇》；四、《军形篇》；五、《兵势篇》；六、《虚实篇》；七、《军争篇》；八、《九变篇》；九、《行军篇》；十、《地形篇》；十一、《九地篇》；十二、《火攻篇》；十三、《用间篇》。

日本有樱田本《孙子》，以《地形篇》为界，分为上下两卷，曾被认为是唐以前古本，但基本内容也与中国的各传本大致相同，各篇篇题分别如下：

一、《计篇》；二、《战篇》；三、《攻篇》；四、《形篇》；五、《势篇》；六、《虚实篇》；七、《争篇》；八、《九变篇》；九、《行军篇》；十、《地形篇》；十一、《九地篇》；十二、《火篇》；十三、《间篇》。

二、各篇主旨

《孙子》各篇均有非常集中的主题，对战争问题的方方面面均有不同程度的论述。

《计篇》是第一篇，也是最重要的一篇。因为这一篇提纲挈领地把全书的中心思想提出来了。《孙子》十三篇就是讲战争问题，研究战争之法，中心问题就是“先计而后战”。《计篇》的中心思想正是如此。

《作战篇》排第二。孙子所谓“作战”，与今人所言“作战”意思并不相同。“作”，同“乍”，为“开始”之意。《作战篇》所讨论大抵都是各种准备工作，衡量战争得失和战争的危害性，并未言及具体的战场作战之事。

《谋攻篇》排第三。仅就篇题来判断，该篇当然是大谈谋略，其核心思想就是如何谋划战争，仍然属于筹划战争的内容。而且，这里所谓“谋攻”，仅从字面上理解，其着力点就是“以谋攻敌”，而不是“以力服人”。

《形篇》排第四，主要讨论的是如何“治形”，附带谈了如何根据实力情况确定攻守态势等问题。所谓“治形”，即如何造成有利于己的“形”，这是始终贯彻本篇的主线。

《势篇》排第五，承接《形篇》而来。《形篇》和《势篇》相辅相承，必须连接在一起解读。《形篇》主题是“治形”，《势篇》的主题则是“治势”，或者说是“造势”和“任势”，通过合理运用兵力求得优势局面。

《虚实篇》排第六，主要讨论的是“虚实相生”“避实就虚”以及争夺战争主动权等问题。孙子认为，虚实可以不停地进行转换。作为出色的指挥员，一定要善于“示形”和“藏形”，并努力争取战场主动权，也即“致人而不致于人”。

《军争篇》排第七，主要讨论的是两军相争之法，也就是争利之法。围绕争利，作者对军争的原则、目标和注意方法等，均有不同程度的讨论，主要目的就是尽量在战场上做到趋利避害、争夺对己有利的作战态势。

《九变篇》排第八，是十三篇中字数最少的一篇，集中论述的是用兵的变法。全篇分三个层次：先是解释篇名，其次是论述为将者通晓九变之利、兼顾利害的重要性，最后再从反面论述为将者不通权变的危害性。

《行军篇》排第九，主要探讨的是部队一般情况下的序列部署、军队的驻扎要领等问题。本篇主要探讨的是“处军之法”和“相敌之法”，即部队驻扎之法和战场侦察之法。除此之外，还附带论及了诸如精兵原则、治军原则等问题。

《地形篇》排第十，主要探讨利用各种地形条件克敌制胜，意在教会指挥员合理地“知地”和“知己”，并依据这些内容合理布置战术。这些内容在今天看来，大多属于军事地形学的范畴。此外，该篇也探讨了“令文齐武”的治军思想。

《九地篇》排第十一，是十三篇中篇幅最长的一篇，讨论了如何在“散地”等九种不同的战略空间，其中主要是地理条件，领兵作战的问题。该篇集中讨论了如何进行战略奔袭，就“死地”作战的注意事项进行了多方探讨。

《火攻篇》排第十二，集中讨论的是“火攻”战法，对火攻的种类、方法和时机等都做了论述。在作者看来，掌握火攻之法并合理加以运用，是安国全军之道，关系到国家存亡，一定要认真对待，慎重对待。

《用间篇》是十三篇的最后一篇，集中讨论了如何通过使用间谍获取情报的问题，对用间的作用和地位、间谍的种类、使用方法和原则等问题进行了深入研究。

第二节　战争观和治军谋略

战争观是孙子设计战争谋略的基础，治军谋略则是孙子施展战争谋略的前提。《孙子》不可避免地需要对这些问题进行一番深入探讨。

一、战争观

《孙子》对战争现象进行了深刻分析，详细论述了“安国全军之道”（《火攻篇》）。《孙子》主张慎战，也就是“非危不战”（《火攻篇》），并将“不战而屈人之兵”（《谋攻篇》）作为指挥作战的最高境界孜孜以求。《孙子》在开篇就指出：“兵者，国之大事，死生之地，存亡之道，不可不察也。”显然，作者以这样的判断句开篇，无非是想唤起人们对战争问题的高度重视，突出强调战争对国家和统治集团的重要影响力。与此相呼应的则是，《孙子》一再强调“杂于利害”（《九变篇》）和“亡国不可以复存，死者不可以复生”（《火攻篇》），既充分认识到战争的危害性，也借此警示统治集团应当积极备战、慎重求战，以此求得他心目中的“安国全军之道”。

《孙子》主张“慎战”，是因为作者具备一种仁义情怀。与那些穷兵黩武之徒相比，更显出孙子人格之伟大，识见之超人。《孙子》在十三篇的首尾两篇，即《计篇》《用间篇》中，数次讨论了“仁”。在《计篇》中，作者在探讨为将者的基本素质时，将“仁”列在第三位，“严”字被列在最后一位。在作者眼中，在治理军队和对待部下之时，仁爱之情要比严酷为治显得更为重要、更为管用。在《用间篇》中，孙子在探讨用间之术时也在无形之中透露出自己对于“仁”的理解。孙子认为，要想确保战争胜利，就一定要舍得花钱搞好间谍战，要舍得在间谍身上大笔花钱。如果在这时候显得小家子气，表现出吝啬之情，进而导致战争失利，那就是“不仁之至”。故此，他建议在间谍战中大笔花钱，获取准确的情报，尽量降低战争成本，确保以最小的代价换取最大的胜利。

《孙子》中还体现出相当进步的民本思想。孙子强调国君要“修道而保法”（《形篇》），这其实就是对清明政治的一种诉求，与儒家的政治思想不无相通之处。孙子认为，领军作战也必须将“唯民是保”（《地形篇》）[①] 作为战争的出发点，其中所体现的也是一种进步的民本思想。作为一名军事家，孙子并不喜欢穷兵黩武，并不主张将一切都诉诸武力。孙子对战争所能造成的创伤非常清楚。在《谋攻篇》中，孙子曾对攻城战争的危害性进行过具体的描述：“修橹轒辒，具器械，三月而后成，距堙，又三月而后已。将不胜其忿而蚁附之，杀士卒三分之一而城不拔者，此攻之灾也。”正是因为战争具有如此之大的破坏力，所以孙子才认为“攻城之法为不得已”。作为高明的军事家，就必须要努力达成“不战而屈人之兵”。这其中所体现的，无疑也是进步的民本思想和真切的人文精神。

在简文《吴问》中，孙子和吴王以对话的形式，讨论并预测了春秋末期晋国几大家族的兴衰存亡，最后提出观点认为，税制最轻的赵氏会笑到最后并最终战胜其他五个家族。虽然孙子的预测有对有错，但他由田制和税制出发，考察王室兴衰，所体现的是一种进步的民本思想。在该篇简文的末尾，孙子提出了他眼中“王者之道”，主要内容是“厚爱其民”，其中所体现的正是进步的民本思想。显然，竹简文字就思想内容来说，和《孙子》十三篇能完全呼应和一致。

《孙子》主张慎战，却不避战，并由此提出了一系列精彩的作战理论。《孙子》主张“先胜而后求战”（《形篇》），因而强调“知彼知己”（《谋攻篇》），主张在获得充分的情报之后，认真做好“庙算”工作（即在廊庙之上计算好胜负的算筹），然后才能决定战或不战。当战争开始之后，要努力地“致人而不致于人”（《虚实篇》），努力地掌握战争的主动权，

① 该句中的“民”，《十一家注本》作“人”，可能是避讳改字，但意思相通。

同时尽可能地通过“形人而我无形”（《虚实篇》），形成“我专而敌分”（《虚实篇》）的态势，以优势兵力夺取战争的胜利。《孙子》对战争的巨大破坏力有着清醒的认识，故此宁肯要“拙速”（《作战篇》），也不要那种耗费时日的持久战，这就是他的“兵之情主速”（《九地篇》）的主张。

《孙子》十三篇充满了谋略和智慧，非常贴合其“兵者诡道”的主张，但作者重视谋略的同时，同样非常重视实力。《计篇》中，孙子将“五事七计”作为决定战争胜负的关键性因素，这其实是孙子全面辩证看待战争现象、不单单以谋略定胜负，而是高度重视“以力胜人”的明证。孙子认为，作战之前，一定要做好“庙算”工作，仔细分析有哪些有利于己的因素，哪些不利于己的因素，一定要打有准备之仗，尤其强调作战之前要充分做好后勤工作，备足粮草。在我们看来，这种重视“庙算”的行为，其实也是重视实力的具体体现。《形篇》的“胜兵若以镒称铢，败兵若以铢称镒”，其实也是论证了实力是制胜之源的思想，包括“地生度，度生量，量生数，数生称，称生胜”，显然也是从营建实力的角度提出。

孙子既重视实力，同时也重视谋略，可说是力与谋的完美统一[①]。当然，十三篇中，论述谋略的篇幅显然更多一些。相对于论“力”，作者对于论“谋”，显得更有热情。所以，虽说孙子对“力”和“谋”都有所看重，但依愚见，这二者的地位似乎不对等，“谋”的地位稍显突出一些。十三篇中，富有谋略思想的文字俯拾皆是。由于这个缘故，人们可能会转而对孙子重“谋”的一面印象更为深刻一些。甚至有人会认为，孙子不重“力”，

① 黄朴民、高润浩：《〈孙子兵法〉新读》，长春出版社，2008年1月第1版，第19页。

只重“谋”，但这完全是一种误解。

二、治军谋略

《孙子》还对军队建设提出了很多富有价值的论述。相比较士卒，《孙子》显然更重视将帅，认为将帅是“民之司命”，是“国之辅”，“辅周则国必强，辅隙则国必弱”（《谋攻篇》）。《孙子》认为，必须要有行之有效的组织编制，和“令之以文，齐之以武”（《行军篇》）的行政和教育手段，以期实现“治众如治寡”（《势篇》）和“齐勇若一”（《九地篇》）的目标，使得整个军队能够整齐划一，达到“携手若使一人”（《九地篇》）的效果。对于士卒，从《孙子》字里行间来看，认识态度相对模糊一些。一方面，他要求将帅需对士卒做到“视卒如婴儿”或“视卒如爱子”（《地形篇》）；另一方面则又认为，对待士卒就应该“若驱群羊，驱而往，驱而来”（《九地篇》）。有些学者认为这其中表现出了剥削阶级的愚兵思想，有些学者则认为这是服从作战需要的非常有用的带兵方法。

在孙子的治军思想中，应当确有愚兵之术存在，而且是其众多谋略之术的一种，我们应当对其持有客观认识。“愚兵之术”与孙子“兵以诈立，以利动，以分合为变”（《军争篇》）的总体思想相吻合，同时也与孙子重视“出其不意”的战法，以及高度重视用间思想相一致。并且，“愚兵之术”当为一种常见，甚至是必要的治军之术和用兵之法。古往今来的军队中甚至都曾使用这种愚术，而孙子则很可能是第一个将“愚兵之术”光明正大地写进战法的人，我们大可不必从道德家的立场进行讨伐。孙子的“愚”，似乎并无强烈的感情色彩，而是纯粹出于打胜仗的目的。现实生活中，我们可能也会对亲朋使用过“愚术”——比如对垂危的病人，告诉他病情不重，而这却正是人情之理。

孙子就治军提出了“素行”的主张：“令素行以教其民。”从这个“素”字可以看出，孙子要求将帅在治军过程中，需要一以贯之的坚持日常养成。但孙子治军思想的核心是“令之以文，齐之以武”。

“令之以文，齐之以武”，一般简称为“令文齐武”。对于这句话，人们一直都是前后分开，意思是，用文的一面来教育士卒，用武的一面来约束和管制士卒。但是依据银雀山汉简本，其中实则运用了“互文”的修辞格。据汉简本，“令”或可校正为“合”，传本的“令”当为形近致误。按照汉简本，我们便可以对孙子文武兼用、宽严相济的手法求得更为深刻的理解。孙子的本义是，“文”和“武”都是治军的必要手段，必须要互相配合。使用宽厚和仁恩能使其诚服，但同时也要加强刑威，只有这样紧密结合在一起，才可以使得部队实现纪律严整、步调统一，才能起到“合”或“齐”的效果。

所以，孙子“文武并用”，其实就是仁恩和惩处相结合，一手是软的办法，一手是硬的办法，两种方法兼施。当然，这看似简单，实施起来还是很有讲究的，尤其需要把握适度原则。如果士卒和将帅没有亲近感，距离很远，再一实施处罚，那就会将距离拉得更远。如果不能保持团结一心，那战斗力自然会大打折扣。这就是“卒未亲附而罚之，则不服”。如果士卒已经和将帅非常亲近，甚至导致将帅不能下手处罚士卒的错误行为，即“卒已亲附而罚不行”，同样也是非常危险的。所以，孙武的意思是正确处理好二者之间的矛盾。既要善于取得士卒的亲附感，同时也不要忘记严明纪律。

第三节 战略和战术

相比较战争观和治军理论，战略战术思想是《孙子》十三篇中更为重要和更为精彩的内容。

一、战略思想

第一，全胜战略

孙子推崇“不战而屈人之兵”的全胜战略，提倡先发制人，认为战争应该速战速决，如果久拖不决，就会陷入危机。孙子指出：“百战百胜，非善之善者也；不战而屈人之兵，善之善者也。”（《谋攻篇》）由此推出其用兵境界追求——不战而屈人之兵。孙子认为，真正的谋攻之法是伐谋，“故上兵伐谋，其次伐交，其次伐兵，其下攻城”，以此来求得战略目标的“全”，也即“全胜”：“故善用兵者，屈人之兵而非战也，拔人之城而非攻也，毁人之国而非久也，必以全争于天下。故兵不顿而利可全，此谋攻之法也。”（《谋攻篇》）

孙子的全胜战略思想，与其“慎战”思想保持一致，体现的是一种非常清醒的现实精神。“不战而屈人之兵”既可以实力为后盾，也可以通过外交和谋略借力，总之是力求不用战场杀伐而使敌人屈服。孙子在追求全胜战略的同时，也做好了战场用兵的准备。也就是说，孙子虽主张“上兵伐谋”，但也对“伐兵”和“攻城”有充足的思想准备，其中体现的是战略思想的伸缩性。也就是说，孙子将“不战而屈人之兵”视为用兵的理想境界，“伐兵”和“攻城”才是常态。如果前者无法实现，就立即转入后者。而且，孙子也为后者设计了一整套的方案，这就是他的作战指导理论，机动灵活的战术思想。

第二，实力为本

《孙子》固然认为用兵打仗需要谋略，但更重视实力，认为双方实力的对比决定了战争的最后胜负："地生度，度生量，量生数，数生称，称生胜。"（《形篇》）孙子把实力作为决定战争胜负的基本条件，并对如何加强自身实力阐明了自己的看法。《孙子》就如何壮大自己、削弱敌人，实现"以镒称铢"等问题进行了深入探讨，至于因敌而变、避实击虚、出奇制胜等战法，固然有强烈的谋略色彩，但也要依托实力才能施展。

孙子将实力作为预测战争胜负的基本条件。他提出了预测战争胜负的"五事七计"，将决定战争胜负的要素总结为五个：道、天、地、将、法，强调战前需要全面了解敌我双方的基本战略要素，再用"七计"对这些战略要素的优劣进行仔细的考察比较——"校之以计而索其情"，正确地估量敌我双方的实力对比和战争态势，在此基础上做出正确的判断，定下毫不动摇的决心，制定正确的作战方案。这些都是基于双方军事实力的考量。

《形篇》中，孙子更是专门阐述了军事实力在战争中的地位和作用，以及军事实力运用的原则和实力建设的方法和途径。孙子首先强调"先为不可胜，以待敌之可胜"，认为"胜兵先胜而后求战，败兵先战而后求胜"，所以力求达成"以镒称铢"。孙子认为，军事指挥员一定要依据敌我双方物质条件的优劣，军事实力的强弱，灵活机动地采取进攻和防守两种不同的作战方式，如果开战，就必须要实现"以镒称铢"，一举制敌。

二、战术思想

丰富而又灵活的战术思想，是孙子兵学思想的主体内容，同时也是最为核心和最为精彩的内容。诸如“知彼知己”“兵以诈立”“以镒称铢”“因粮于敌”等相关孙子战术思想的词语，已经为古往今来的军事家们所耳熟能详，形成了久远的影响。贯彻这些战术思想的灵魂，是“诡道”。在《军争篇》，孙子指出，“兵以诈立，以利动，以分合为变”，这句话其实是孙子兵学的精髓和核心要义。孙子“分合为变”的多变战术，处处都体现着诡诈思想，始终都为逐利而来。诸如奇正、虚实、攻守、迂直等巧妙设计，也无不围绕夺利而渐次展开。孙子丰富的战术思想，我们总结为如下十条，逐条予以介绍。

第一，情报先行

情报先行原则是孙子战术思想的重要内容。十三篇中，从《计篇》讨论“索情”开始，到《用间篇》的谍报术结尾，作者花费了大量篇幅讨论情报，建立了以“知论”为核心的体系严密的情报论。由于这个原因，有不少人甚至将《孙子》当作情报之书来研究。如果说孙子的战术思想是追求“善战”，那么这种“善战”的基础则是“善知”和“先知”，也即情报先行原则。并且，孙子强调这种“知”，一定要超出“众人之所知”。只有这样，才能算是“善知”，才可以为“善战”打下基础，最终获得胜利，而且可以求得最大战果。孙子指出，高明的指挥员必须善于根据战场形势，灵活处置，善于变化。只有这样，才可以做到“应形于无穷”，让对方无机可乘，己方则可以保持不败之形。“知彼知己，胜乃不殆；知天知地，胜乃不穷”。这句话是家喻户晓的名言，突出强调了情报在孙子兵学体系中的重要地位，明显透露出作者“由知到战”搭建兵学体系的思路，其中体现的正是情报先行原则。

《汉书·艺文志·兵书略》总结“兵权谋”一派的特点是“先计而后

战”。所谓“先计而后战”，“计”必须在先，“战”必须在后。这正是情报先行原则，孙子的“庙算”所体现的也正是这个内容。如果是“先战后计”，那就是打无准备之仗，基本是糊涂仗，多半招致失败。孙子在《计篇》就重点强调这个问题，是基于战争实践所总结出的经验之谈。他虽然标榜和信奉战争是诡道行为，但也尊奉一些常规之法，尤其是一些重要原则问题。情报先行原则正是战争的常规之法。正是这个原因，孙子才会在开篇就大谈“先计而后战”，又在十三篇中花费大量篇幅讨论情报。

第二，因敌制胜

孙子为实现争利的目的，围绕诡诈之术建立起一整套“分合为变”“因敌制胜”[①]的战法。这些争胜之法，具体内容很多，其中关键不妨总结为两个字：其一是“变”，其二是“因”。

《孙子》六千言中，“因”字16见。这些“因”字，有作“因此”或“原因”解，有作“依靠”或“因循”解，意思多变。孙子由这个“因”字出发，要求指挥员必须要客观全面地把握敌情，而不能掺杂个人的主观偏见。孙子重视庙算，重视用间，重视分析敌情，重视由“先知”而求“先胜”，都是出于“因敌制胜”的需要，都是从打赢战争出发，为打赢战争服务。这其实是一种非常实事求是的务实精神。

“变”也是孙子争利之法的关键内容。不仅如此，“变”同样是实现孙子诡诈之术，以诡诈之术获取战争胜利的一个直接手段。正是由于擅长运用变术，孙子兵学才显得气象万千。孙子固然不废用兵常法，但更重视用兵变法，重视“以正合”，更重视“以奇胜”。正是这个缘故，作者在《军争篇》讨论了军争的常法之后，接着便在《九变篇》中专门讨论用兵变法。

① 《孙子·虚实篇》曰：“兵因敌而制胜。”

“九”是“极言其多”，“九变”是说明变化很多。“分合为变”是孙子兵学思想的一个重要内容。表面上看，它只是兵力的分合，实际上却是指挥员运用变化之妙，实现用兵思想的一个直接手段。孙子认为，“兵无常势，水无常形”（《虚实篇》），指挥员要想赢得战争胜利就必须要学会随机应变，而且，用兵的最高境界，也正是在于善于变化，所谓“能因敌而变化者，谓之神”（《虚实篇》）。

“变”和“因”紧密相连。有“因”才会有“变”，“变”必出于有“因”。由“因”到“变”，强调灵活机动、践墨随敌，孙子构建了一整套谋略之术和诡诈之术。这些谋略之术和诡诈之术，是孙子因敌制胜的最重要手段。

第三，因地制胜

孙子将“知地”看得非常重要。在“知敌”之外，作者花费笔墨最多的就是“知地”。孙子所处的时代并没有海战和空战，战争基本是在陆地解决，故此孙子讨论“地”的笔墨自然会重。就领兵作战而言，只有充分了解和掌握了地形情况，才能计算部队的开进速度，才能合理部署队伍，才能选择最佳的作战阵地。包括伪装和埋伏等等，都必须建立在对地形的充分掌握之上，所以孙子花了大量的篇幅讨论地形是情理之中的事情，非常符合用兵常理。

孙子有关“知地”的论述逐层深入。《计篇》提纲挈领谈及“地”，《九变篇》结合战法论述了“途有所不由”和“城有所不攻”。这之后，从《行军篇》到《地形篇》，再到《九地篇》，作者便开始连篇累牍地进行深入探讨，突出强调了“知地”的重要性。《行军》《地形》诸篇更多的是对战术地理进行论述，《九地篇》则是就各种战略地理环境如何展开军事行动进行探讨。

最能反映孙子因地制胜思想的是《九地篇》。孙子将战略地理空间区分为“散地”“轻地”“争地”“交地”“衢地”“重地”“圮地”“围地”“死地”九大类，对其内涵和作战要求进行了简要的概括归纳，并且突出强调了死地作战需要注意的各种要领。孙子指出，部队如果处于死地，就要立下殊死奋战的决心，通过力战求得生存。

孙子指出，“凡为客之道，深入则专，主人不克”（《九地篇》），为了更好地展开战略突袭，孙子强调指挥员必须坚决果断地迅速将军队插入到敌国的心腹地带，与敌军展开决战，力求一战制胜，就此成就霸王之业。作者围绕长途奔袭，先后讨论了军队心理学和治军之法，强调了情报和保密以及后勤保障之法等，无非是为了在死地求胜。

第四，因粮于敌

战争比拼的是实力，对于后勤补给要求非常高，孙子对此也有深刻认识。在《军争篇》中，孙子指出：“军无辎重则亡，无粮食则亡，无委积则亡。”认为后勤保障是关系到军队存亡、战争胜负的重要问题。其中，“辎重”泛指军用器材装备，“粮食”泛指粮食和草料，“委积”泛指军用战略物资的储备。它们概括了军事后勤的主要内容。

孙子同时认识到战争久拖不决的危害，主要就是无法解决后勤补给问题。所以，针对这个困局，孙子主张“取用于国”和“因粮于敌”，说白了，就是到敌国去抢，就地抢劫。在孙子看来，“因粮于敌”既可以尽量减少战争行为给国君带来的消耗，也能有效避免因为远程运输带来的种种麻烦。

《孙子》十三篇中，“因粮于敌”是其一贯主张，是孙子非常自得的后勤补给之法。作者不仅在《作战篇》中公然予以鼓吹，而且在《军争篇》中探讨“军争之法”时，再次强调“掠乡分众”。除此之外，在《九地篇》

中，作者围绕“为客之道”，也再次把“掠于饶野”作为一种战争之法提出。由此不难看出，孙子一直是在极力推销这一主张。

古往今来的战争，都要解决粮食问题，粮食可以说是一个最为重要的军备物资。解决粮草补给，做好后勤保障，是战争不可或缺的重要环节。从这个层面来看，孙子的“因粮于敌”原则是一种时代的必然，是战争发展的必然产物，但在今天我们需要辩证地看待。在特定历史时期，“因粮于敌”具有相对的合理性，但在现代文明社会，它明显是鼓吹掠夺。而且，这种掠夺看到的是“三军足食”的短期效应，并没有看到长期或后期效应，于政治层面有欠深入考虑，如果遇到敌方坚壁清野，也会走到无粮可抢的绝境。所以，真正的后勤保障，也要做好长途运输，立足于国内保障。

第五，掌握主动

依照《唐太宗李卫公问对》的记载，唐太宗和李靖这对君臣都曾深入研究过《孙子》，而且非常看重《虚实篇》。唐太宗说：“朕观诸兵书，无出孙武；孙武十三篇，无出虚实。”李靖回应说：“千章万句，不出乎‘致人而不致于人’而已。”可见，君臣二人对《虚实篇》推崇备至。不仅如此，他们还在这最好的一篇中，找到了最好的一句：“致人而不致于人。”其实，这句话集中体现的就是争夺主动权的问题。

孙子认为，善于指挥作战的将领，总能够运用一切手段合理地调动敌人，而不是被敌人所调动，更不会因此将自己陷入被动局面之中。

战争中如果抢占先机，就会处处主动，占据优势，所谓先手之利。因此，孙子在《军争篇》等篇目中多次强调夺取先机之利。这种种讨论，可以归结为一句话，“致人而不致于人”。孙子认为，这种“致人”的目的就是要抢在敌人前面，即“先处战地”，力争以逸待劳，从而能够较为顺利地打败敌人。

至于如何调动敌人，孙子也提出了自己的办法：以利诱之，以害驱之。这两手都可以用，也可以结合在一起用。在《虚实篇》，孙子说："能使敌人自至者，利之也；能使敌人不得至者，害之也。"孙子认为，要想达成"以迂为直"也必须要"诱之以利"才行。所谓"诱之以利"，就是以使用"小利"去引诱敌人，以此赚得"大利"。所谓"害"的手法，一定要切实抓住对手痛处，能够切实调动敌人。

总之，在孙子看来，种种战术的核心问题无外乎是致敌就范，牢牢掌握战争主动权。只有掌握了主动权，才能确保胜利的天平朝着己方倾斜，达成己方的战略目标。可以说，这一点已经是古今中外军事家们的共识，唐太宗和李靖特别欣赏"致人而不致于人"，实则也不意外，他们深知牢牢掌握战争主动权的重要性。

第六，集中兵力

孙子强调"致人"，努力夺取战场主动权，包括其巧妙的"形人之术"，目标是为了"我专而敌分"。"我专"，则我为实，"敌分"，则敌为虚。如果运用巧妙，就能实现"以十攻其一"或"以众击寡"的效果。这便是通过分合，生成虚实变化，使用种种"致人而不致于人"的手段，达到"以实击虚"的目的，取得战争胜利。

在《谋攻篇》中，孙子指出，在战场上，当己方兵力是敌人的十倍时，就可以对敌人实施包围之术歼灭敌人，也可以迫使敌人投降；当己方兵力大约是敌军的五倍时，也可以发起攻击："用兵之法，十则围之，五则攻之，倍则分之，敌则能战之，少则能逃之，不若则能避之。"

"以十攻一"就是"以实击虚"，谋求作战时的绝对优势，这一层意思在《虚实篇》中表现得更加明显。孙子不仅强调集中兵力，也强调机动用兵，二者结合在一起，追求的就是以实击虚，以众击寡。从《形篇》强调“以镒称铢”，到《九地篇》推崇“并敌一向”，集中兵力原则是孙子一贯坚持的用兵原则。孙子认为，要想确保战争主动权，夺取胜利，就必须在战场交锋时集中优势兵力，以镒称铢，“以碫击卵”，给敌人以毁灭性打击。孙子曾反复阐发集中兵力的重要性，并一再提出具体的集中优势兵力的各种主张：“并力”“并敌一向”“并气积力，为不可测”“我专为一”……如此不厌其烦，是希望将领们真正重视起集中兵力的原则，达到“以众击寡”的目的。

孙子固然坚守集中兵力之法，但也主张因敌变化、随机制宜，主张针对不同的兵力，分别灵活采取“围”“攻”“分”“战”等战法，确保己方进退自如，攻防皆宜。他既肯定集中兵力的意义，提倡“以十击一”，又积极探讨如何在战争中通过“分合为变”等手段，掌握战争主动权。

第七，速战速胜

孙子深入考察战争与经济的关系，对战争得出“日费千金”的结论。由于战争准备项目繁多，耗费巨大，孙子主张“速决战”：“兵闻拙速，未睹巧之久也。夫兵久而国利者，未之有也。”(《作战篇》)孙子认为，一旦战争被拖入僵持阶段，战事久拖不决，危害便接踵而至：“久则钝兵挫锐，攻城则力屈，久暴师则国用不足。夫钝兵挫锐，屈力殚货，则诸侯乘其弊而起，虽有智者，不能善其后矣。”（《作战篇》）在孙子看来，如果不能速战速决，长期陷入战争，就会给第三国带来可乘之机，出现所谓“螳螂捕蝉，黄雀在后”的情况，必将对国家安全带来巨大的危险。

在他看来，战争因为需要解决“远输”问题，会消耗大量财力物力，同时也会造成“近师者贵卖”这种局面，也就是人为造成物价上涨，这必然导致市场价格发生动荡，国家财政也会就此陷入危机。此外，如果战事久拖不决，就一定会影响军队的士气，直至“屈力殚货”，国家财政彻底枯竭。到了这个时候，政府为了摆脱危机，也就自然会把战争祸害转嫁给老百姓，在老百姓身上极力搜刮，造成社会进一步动荡，国家也就因此显露出各种深层的危机。显然，在列国分治、诸侯争霸的局面下，各路诸侯都在伺机称雄，如果看到别国出现乱局，一定不会轻易放过。所谓“螳螂捕蝉，黄雀在后”，他们会立刻抓住这种时机乘虚而入，国家就会因为战事久拖不决陷入内外交困的局面而不能自拔，甚至就此灭亡。

孙子主张“兵贵胜，不贵久”的速战思想，除了争取达成进攻的突然性和主动性之外，更关键的是为了最大限度地降低战争成本。孙子反对攻城，尤其反对采用巨大消耗的方式攻城。在孙子看来，如果由此酿成巨大的“攻之灾”，就更加不可饶恕。

第八，先发制人

与“速决战”相应的是“先发制人”战术。二者紧密相连，互相配合，构成了孙子战术思想的重要内容。在战争发起之前，孙子力求“先胜”，当战争发起之后，孙子主张先发制人，给敌人以突然袭击，以此牵制和调动敌人，进而完全主导战争。

孙子对先发制人提出了具体办法。第一步是“先其所爱”，强调抢先夺取战略要点，包括在作战过程中，都要做到抢先一步，从而使自己处于主动地位。孙子指出：“凡先处战地而待敌者佚，后处战地而趋战者劳。”（《虚实篇》）如果先敌一步占领战略要地，便可实现以逸待劳，可以轻松击败来犯之敌。即便是错过了先发的时机，也要力争做到“后人发，先人至”（《军争篇》），仍然是强调抢占战略要地，以夺取先机之利。孙子主张找到合适的进攻方向和最佳的决战地点，找到敌人最为薄弱而且最为要害之处，发起进攻之后，便能牵一发而动全身，完全打乱敌人的防守，顺利达成己方战略意图。

第二步是把握好正确的时机，力求“攻其无备，出其不意”。如果没有时机就要学会创造时机，比如通过“示形”和“形人”等方法，调动敌人，令其或是放松戒备，或是暴露破绽，随后便以迅雷不及掩耳之势发起进攻，这正是《九地篇》所说的“敌人开阖，必亟入之”，所要达成的效果就是“后如脱兔，敌不及拒”。这种“形人术”，在《虚实篇》有非常具体而又精彩的论述，追求的无外乎是“因形措胜”，夺取先机之利。

“先发制人”的目的，无非是为了给敌人以猝不及防的打击，力争以最小的代价换取最大的战果。由此可见，孙子的战术思想是以进攻为主，明显地更加偏爱进攻。也就是说，在攻守两端，孙子的论述并不相称，进攻处于主要地位，防守处于次要地位。

第九，奇正相生

“奇正”是我国古代军事理论中的一对非常重要的范畴。古代军事家们大多在战争发起之前就要确定“奇正”，并将其视为战略决策的重要内容。孙子说，“战势不过奇正”，意思是，战术的组合变化无外乎“奇正”。就战法而言，“正”是指常规的战法，也就是“常法”；“奇”是指非常规的战法，也即“变法”。就兵力的运用来说，可以分为“正兵”和“奇兵”：用于守备和相持的是“正兵”；用于机动和突袭的是“奇兵”。就作战方法来看，也可以分“奇正”：循规蹈矩，按照常规战法进行作战的是“正”；不落俗套，打破常规战法的则是“奇”。

孙子强调"以正合，以奇胜"，所以更加强调"以奇用兵"。这和他"诡道用兵"的主张可谓孪生，其本质皆在超越常理，以谋用兵，力争出奇制胜，一举破敌。孙子还认为，如果在战争发起之前，就正确地确定和运用奇正战法，就能够在战争中取得胜利。

孙子认为，军事行动向来都是以正兵去抵挡敌人，以奇兵去袭击敌人争取胜利，这就是"以正合，以奇胜"。通观十三篇兵法，"变"是孙子诡诈之法的关键，也是孙子奇兵制胜的主要内容。作者借用声、色、味形容"奇正相生"的变化多端，强调战术的多变和变术的翻新。

春秋末期的思想家老子主张"以正守国，以奇用兵"（《老子·五十七章》），这对其后的政治思想和军事思想均产生了深刻影响。孙子则继续高举"以奇胜"的旗帜，与老子保持一致。也可以说，孙子正是借助"以奇用兵"思想，论证其"兵以诈立"（《军争篇》）和"兵者诡道"（《计篇》）的重要命题，从而在众多兵家学说中独树一帜。孙子变换奇正的谋略论，对其后的兵学思想产生深远影响。从此之后，"诡道"和"以奇用兵"被历代军事家们奉为克敌制胜的不二法门并得到忠实的继承。

第十，死地求生

在孙子看来，在敌国境内作战的规律是：进入敌境越深，士卒就越会心志专一。所以，离开本土，进入敌境作战，也就是进入"绝地"和"死地"之后，部队的战斗力反而会最大程度地迸发出来。孙子对深入敌方腹地之后士卒的心理情况进行了细致分析。在他看来，如果将部队投向无路可走的绝境，士卒就会宁死不退；士卒既然有了必死的决心，当然会奋力作战。所以，善于指挥作战的将领，就必须要将士卒深陷危亡之境，逼迫他们走投无路，反而会使他们心专志一，拼命死战。在孙子看来，这样的军队无需整治，就会自行加强戒备；不用多提要求，就能积极完成任务；不需多加约束，就能团结亲附；不用反复号令，就能遵纪守法。

孙子显然是深谙士兵心理学和作战心理学的大师。他深刻把握了人性中贪利和求生的两大欲望，并将其发挥到极致。孙子指出，将士没有多余的钱财，并不是他们不爱财物；兵众拼命死斗，并不是不想长寿。为了逼迫他们奋勇作战，就必须要把他们放置在危险的死地，让他们爆发出最大的战斗潜力，从而求得最佳的战争效应。孙子把士卒投置到无路可走的绝境，所要达成的效果就是，让他们自然而然地成为专诸和曹刿那样的勇士，在战场上勇敢杀敌。这些其实就是“深入则专”的道理，是孙子非常看重的“为客之道”。

孙子的“为客之道”，也即长途奔袭，是死地求生的战法。《九地篇》曾就这一问题反复进行过论述，并且以“常山之蛇”和“吴越相争”为例，对“为客之道”的用兵原则进行细致深入的论证。作者以“率然”设喻，生动表达了他对于部队高度协同、整体作战境界的追求。只有在绝地，部队才能成为一个完美的整体，很难被击败。长途奔袭的“为客之道”，可以激发士卒和部队最大的战斗潜力，迫使三军上下齐心协力，奋勇作战。所以孙子主张，在向部属下达战斗任务时，要使得他们如同登高之后被抽去梯子那样无路可退，聚拢三军部众，将他们投置于非常险恶的境地。这就是著名的“置之死地而后生”的原则。

第三章　流传递藏

——《孙子》在历史上的流传和研究

《孙子》是中国古典兵学文化遗产中一颗最为璀璨的明珠，是中国古代最伟大的军事理论著作，受到历代军事家和军事理论家的重视。两千多年来，这部兵书基本都是流传有序，对中国古代军事历史和军事文化都产生了非常深远的影响。从秦汉至明清，历朝都有众多专家投入地进行研究，甚至也有不少文人和军事领域之外的人员参与其中，可以看出这部兵书的影响力，已经远远跨越了军事领域。

第一节　先秦时期

《孙子》自诞生之日起，便开始传播重要的影响力。从先秦典籍和出土文献中，我们可以看到这部兵书在当时广泛流传的一般情形。

一、早期流传

先秦典籍《尉缭子》《鹖冠子》等书曾明引、暗引了《孙子》字句，这说明《孙子》在战国时期一度非常流行。比如《尉缭子·将理篇》有这样一句："兵法曰：十万之师出，日费千金。"这句话实则出自《孙子·用间篇》。《鹖冠子·天则篇》曰："故法者，曲制、官备、主用也。"实则语出《孙子·计篇》。这些引言虽然只是吉光片羽，但也或多或少地为我们提供一些相关《孙子》早期流传面貌的线索。

在银雀山出土了曾长期失传的《孙膑兵法》，其中也有大量征引《孙子》的情况出现。比如《威王问篇》中的"攻其无备，出其不意"和"必攻不守"，《势备篇》中的"昼多旗，夜多鼓"等。其中，"攻其无备，出其不意"出自《孙子·计篇》，"必攻不守"则与《孙子·虚实篇》的"攻而必取者，攻其所不守也"意义相通，"昼多旗，夜多鼓"则可在《孙子·军争篇》找到相应出处。按照《史记》的记载，孙膑为孙武的后人，考察《孙子》和《孙膑兵法》，多少可以看出二者之间的传承关系。

银雀山竹简《见吴王》中，孙武在见到吴王之后曾谈到了自己对于战争问题的看法："兵，利也，非好也。"这一句话完全可以和《作战篇》中所体现的"慎战"思想求得一致。《孙膑兵法·见威王》中也有"兵非所乐也，而胜非所利也"一句，和前引《见吴王》的句子有很多共性，明显有着一种前后继承关系，孙膑受到孙武影响的痕迹清晰可见。

孙膑不仅在军事理论上忠实继承孙子，也在军事实践中巧妙借用孙子的战术思想。比如在桂陵之战中，孙膑就成功运用《孙子》"避实击虚"等战法，击败强大的魏国，取得了胜利。

桂陵之战爆发于公元前353年。赵国派兵攻打依附于魏国的卫国，魏国以保护卫国为借口，出兵攻赵，迅速包围其国都邯郸。此前赵与齐曾建立同盟关系，立即向齐国求救。齐王得到消息之后，立即召集文武大臣进行商议。群臣商议的结果是，先让魏、赵继续互相缠斗，等他们双方实力消耗殆尽之时，再伺机出兵。

魏国的主将庞涓决心一战破赵，眼看齐国救兵迟迟不发，便向邯郸发起更加猛烈的进攻。赵军拼死抵抗，与魏军相持接近一年。眼看邯郸危在旦夕，赵、魏两军均已疲惫，齐王这才下令出兵。田忌被任命为主将，孙膑被任命为军师，共同率领齐军，组织救援赵国。

当时，田忌打算直扑邯郸，与围城的魏军决战，直接解邯郸之围。孙膑反对这种战法，而是主张“批亢捣虚”“疾走大梁”，也就是说，要避开魏军的主力和强点，攻打魏军守备的弱点，建议田忌改道攻打魏国的都城大梁（今河南开封）。这一招正是“避实击虚”，而且攻击的是魏国的要害。孙膑判断魏军一定会回师救援己方都城，齐军不仅可以一举解围，也可以趁着魏军长途奔波的疲惫击败他们。

田忌采纳了孙膑的建议，率领齐军主力迅速扑向大梁。果然，庞涓得到消息之后，不得不急忙率领主力回撤。就在这时，齐军已经在桂陵（今山东菏泽东北一带）设伏，准备给魏军迎头痛击。魏军在长期攻赵的过程中，兵力消耗极大，长途急行军之后，士卒更是疲惫不堪，再与士气旺盛、巧妙设伏的齐军交战，只剩下被动挨打的份，损失惨重。

在桂陵之战中，齐军重创魏军，是孙膑高明指挥艺术的结果。拖延疲顿魏军，采用“避实就虚”之法进攻敌方要害之地大梁，再选择合适地点设伏，最终以精锐之师“以逸待劳”之法伏击对手。这场战争的整个过程中，孙膑都非常好地运用了《孙子》的用兵原则。孙膑之所以善战，与他长期研究《孙子》密不可分。

先秦时期，《孙子》不仅被运用于战场，还被运用到商战。著名商人白圭就曾运用孙子的用兵之谋取得成功，故此，他宣称：“吾治生产，犹伊尹、吕尚之谋，孙、吴用兵，商鞅行法是也。”（《史记·货殖列传》）可以说，孙、吴用兵之法，尤其是孙子的用兵原则，一直被用作商场博弈的妙策。

不管是出土文献，还是传世文献，我们都可以从中清楚地看出，《孙子》在先秦时期就开始广泛传播，并已经产生了深远的影响，以至于韩非子曾发出感叹，并呼吁统治者加强管制，禁止《孙子》这样的兵书大面积流传。这种情况也从一个侧面反映了《孙子》在战国末期的流传之广。银雀山竹简文献，很可能是众多“家藏”的一种，被齐地的一位爱好兵书的人收藏，进而成为陪葬品。

二、早期注释

通过考察银雀山出土的《孙子》佚文，我们可以对《孙子》在战国时期的流传面貌有更为深入的了解，也可以考察《孙子》的早期注释情况。这些佚文一共五篇，分别为：《吴问》《四变》《黄帝伐赤帝》《地形二》《见吴王》。其中，《吴问》《黄帝伐赤帝》和《地形二》三篇系竹简原有篇题，《四变》和《见吴王》的篇名则是由银雀山汉墓整理小组根据竹简的文字内容所补加。

这几篇竹简文字风格多样，体例不一，但从总体上看，都属于注释《孙子》的文字。根据考古专家们的研究，这些竹简“是文、景至武帝初期这段时间内抄写成的”[①]。这里说的只是佚文抄写时间，真正的成书时间虽难断定，但至少是在西汉前期，更大可能是先秦时期。与传本《孙子》十三篇写作体例稍有类似的只有《地形二》和《黄帝伐赤帝》，其中《黄帝伐赤帝》的篇首还有“孙子曰”三字，与传本《孙子》十三篇的著述体

① 银雀山汉墓竹简整理小组：《银雀山汉墓竹简（一）》，文物出版社，1985年9月第1版，第5页。

例恰好求得吻合。

五篇佚文中，数《四变》的写作风格最为独特，无论是与传本《孙子》十三篇相比，还是与其他出土佚文相比，都有较大差别，兹录若干文字如下：

> 徐（途）之所不由者，曰：浅入则前事不信，深入则后利不椄（接）。动则不利，立则囚。如此者，弗由也。

上述文字的第一部分，很明显地可以从传本《孙子·九变篇》中找到出处，从"……者，曰……"的判断句式，不难看出这篇简文显然是对《九变篇》相关文字所做的注释。也就是说，《四变》是一段非常明显的注释《孙子》的文字，而且是逐句进行解释，非常严谨。

《四变》的作者无从考证，但这位无名注释家可谓深谙孙子兵学之三昧。他这些要而不烦的注释文字，非常准确地把握住了《孙子》，尤其是《九变篇》的精髓，让我们不能不由衷地对其发出赞叹。

比如上述引文中，注释家对"途有所不由"的原因进行了细致的分析：不管是"深入"或是"浅入"，都会对我军造成危害，而"动"或"立"，也都对己方造成危险。对于这些地方，指挥员当然只能选择避开，这便是"有所不由"。这些思想和孙子"杂于利害"的兵学思想完全求得暗合，也很好地结合了孙子的战术思想。由于这个缘故，当我们捧读《四变》篇时，一方面会觉得这是作者的注解文字，另一方面也会觉得，它其实就是《孙子·九变》篇的一种延伸。

在不少人眼里，东汉末年的曹操是第一个给《孙子》作注释的人。其中尤以清代学者孙星衍为代表。他曾经在《孙子十家注·序》中说过这样一段话："秦汉已来，用兵皆用其法，而或秘传其书，不肯注以传世。魏武始为之法，云'撰为略解'……"[①]但是，他的这个观点在银雀山竹简出土之后，便很难再站住脚了。银雀山出土的《孙子》佚文告诉我们，最早注释《孙子》的，一定不是曹操。很可能先秦时期就有人开始为这部兵书做注释了。即便以西汉初年为限，《孙子》注释年代的开启，也要比孙星衍所说的汉代末年早了数百年之多。

三、孙子学派

银雀山竹简，尤其是《吴问》等《孙子》佚文，为我们考察和了解孙子学派的组成及发展等情况，提供了机会。

先秦时期曾产生了众多学派，发生、发展模式各异。孙子学派祖述孙武之学，使得孙子的兵学思想完成了"明之吴越，言之于齐"的过程。当然，这个孙子学派，很可能正如战国时期影响力很大的管仲学派一样，完全是出于后人对于先祖的追慕、称颂和学习之需而产生。也就是说，早期主要活动经历都在吴国的孙武，未必是孙子学派的创始者。因为从《汉书》的记载来看，孙武未必是"小说家言"所描绘的那样飘然隐去，而是和吴起等人一样，同样落得"兔死狗烹、卸磨杀驴的悲惨下场"[②]。如果《汉书》的相关记载属实，孙武自然更不可能参与到孙子学派的创立活动中去。那么该学派的创立任务，只能交由孙子的后人或门徒来完成。

从银雀山出土竹简可以看出，孙膑在兵学思想上对孙武确有很多继承和发展。在齐国一度有着显赫地位的孙膑，应该是继承和祖述先祖之学，对孙子学派贡献最大的一位军事家。就《孙膑兵法》与《孙子兵法》的著

---

① 《孙子十家注》，《诸子集成》（六），中华书局，1996年2月第1版，第1页。

② 黄朴民、宋培基：《〈孙子兵法〉的吴文化特征》，《光明日报》2006年5月9日。

述体例而言，二者之间有着很大不同：前者有明显的门徒整理的痕迹，而《孙子》十三篇更像是经言，是所需祖述之学。郑樵论述先秦学术："有专门之书，则有专门之学；有专门之学，则有世守之能。"[①]这种既有众多门徒，又有祖述之学的现象，正是学派所应具备的特征。《孙子》十三篇正是专门之学，类似于《管子》中的"经言"。这种"由经到说"的过程，其中起到重要作用的很可能正是孙膑。

孙子学派内部情况也可以通过几篇《孙子》佚文得出大概。这个先秦时期最大的兵学流派，和先秦时期的其他一些学术流派并无二致，既有自己的学术传承，同时也有自己的家法。为了完成学术传承，学派内部可能会组织人手描绘先祖事迹，所谓"采其遗论，掇其行事，编以为书"[②]，于是便有了《见吴王》和《吴问》这样的孙、吴问答体简文出现。这一方面可以弘扬先祖的业绩，另一方面也可以实现阐释先祖兵学思想的目的，未必完全是虚构之词。相反，我们应该重视其中的史料价值。与此同时，为传播先祖的兵学思想，他们需要有一个较为权威的注释文本，需要对先祖留下来的文字进行认真的阐释和注解，这才有了逐句解释《孙子》字句的《四变》的出现。

至于学派的内部成分，据竹简推测，起初可能比较纯粹，但随着时间的推移和成员的渐渐增加，成分也变得越来越复杂，如此一来，各成员的水平自然开始出现高下不一的情况，进而有了与孙子"不可取于鬼神"[③]精神完全相悖的《黄帝伐赤帝》的出现。这些兵阴阳家的文字多少有些荒诞不经，与《四变》相比，水平差距很远，可知孙子学派内部已经开始出

① 《通志》卷七十一。

② 张舜徽：《广校雠略》，中华书局，1963年4月版，第29页。

③ 《孙子·用间篇》。

现杂而不纯的情况。当然，就总体而言，学派内部大多数成员尚且能够恪守祖训、薪火相传，这才使得孙子学派能够前后绵延很长时间，于是才有了这些体例不一、风格各异的注释体简文的出现。

在诸子学说“蜂出并作”的大背景之下，孙子学派如果想获得执政者的信任，首先要做的就是努力发展壮大自身力量，努力拓展自己的生存空间。竹简《孙膑兵法》中所说的“孙氏之道”的“明之吴越，言之于齐”，其实也是非常简明扼要地概括了孙子学派一段时期之内的发展轨迹。作为孙武后人的孙膑，出于对其祖力助吴国兴盛之事功的追慕和神往，努力发扬光大孙武的兵学思想，这才会出现“明之吴越，言之于齐”的情况。

至于孙子学派的灭亡，可能是在秦国统一六国前后不久，更大可能正是在齐国被覆灭之际，至少不会绵延至汉代。秦用商、韩之法，严刑峻法，对百家异说都极力进行打压。秦在完成统一之后，就立即“收天下兵，聚之咸阳，销以为钟鐻”[①]。为了禁止异端邪说，维护自身的统治利益，秦始皇应该不会允许诸如孙子学派这样的学派团体出现和生存。韩非子在撰写《五蠹》一文时，就谈到了对于孙吴兵学思想泛滥的某种担忧，并建议统治者予以及时处置。类似韩非的这些思想或建议，无疑会被秦始皇所接受和采纳，并进一步付诸实施。既然如此，在秦始皇完成统一之后，诸如孙子学派这样的兵学流派，就会完全失去自己的生存空间或生存条件，不太可能再有什么立足之地。由这个原因，我们更相信这些《孙子》佚文是先秦时期的作品，而不是汉代前期的模拟之作。孙子学派很难在此时保持正常发展，只能就此消散在历史的时空，我们也只能从一些断简残篇中，找到他们的一丝踪迹。

① 《史记·秦始皇本纪》。

第二节　秦汉时期

秦汉时期，大一统帝国得以建立，《孙子》的命运却随之飘摇。秦朝“收天下兵”的举动，令《孙子》一度“家有之”的流传得以终结；但汉朝的整理兵书之举，令《孙子》重新受到重视。

一、收天下之兵

战国末期《孙子》大量流传的情况（所谓“家有之”），让韩非子感到担忧，也让统治者不得不频出重拳对兵书加以管制。秦国以商、韩之法立国，非常重视韩非子以严刑峻法为核心的治国理论，包括《孙子》在内的兵书，其下场可以想见。

秦始皇统一六国之后，筑成雄冠古今的万里长城，以此加强北部边防建设，但大量的赋役导致兵民疲惫，得到事与愿违的效果。对内，秦始皇试图构筑禁锢文化的长城，大力推行集权统治，文化和学术就此遭受空前浩劫。当时，秦始皇采纳李斯的建议，下令焚烧秦国以外的列国之史，不属于官方私藏的《诗》《书》等，也限期交出烧毁。有胆敢一起探讨和谈论《诗》《书》的也要处死。以古非今的，甚至会被灭族。全社会禁止私学，只能以官吏为师。至于“焚书坑儒”，更是成为秦始皇推行集权政治和文化禁锢的标志性事件，永久地钉在历史的耻辱柱上。

据《史记·秦始皇本纪》记载，公元前221年，秦始皇下令“收天下兵，聚之咸阳，销以为钟镰，金人十二，重各千石，置廷宫中”。销毁兵器无疑是为了对武人推行更为严苛的管控，杜绝天下人的谋反机会，以便长久维持其集权统治。《孙子》是指导武人将佐的战争之法，在这种环境下，不大可能继续当初列国分治时的流传之势。以传播孙子兵学思想为己任的孙子学派，也不大可能得以继续维持下去。

二、篇目成谜

秦国对兵书的管制，效果可能不甚理想，包括《孙子》在内的一些兵书，在汉初得以继续流传。这成为汉初统治者收集和整理兵书的基础。至少，银雀山汉墓的主人就成功地收藏到一大批兵书，并以其作为自己的随葬品。很显然，银雀山竹简兵书的出土，正好可以和韩非子当初所描绘的“藏孙吴之书者家有之”求得某种对应。

“家有之”的情况，充分说明《孙子》的流传一度非常之广，《孙子》的主体结构，包括篇目数，可能没有就此受到大的影响和破坏。至少，银雀山竹简为我们提供了这样的证据。在银雀山出土竹简2494、1648简文中，曾经先后两次出现“十三扁（篇）”的说法[①]。这些竹简既可以和《史记》求得互证，也为我们了解和考察《孙子》在秦汉时期的流传面貌提供了直接的线索。由银雀山竹简，我们可以大致推断，“十三”应当是汉代初年，乃至先秦时期，《孙子》所固有的篇目数，这和《孙子吴起列传》中的记载是一致的。由这些出土竹简，我们可以对司马迁的相关记载多一重信心。《孙子》在写成之时的本来面貌就应当是十三篇，而且这个规模一直维持到汉代，期间并没有发生任何的改变。

到汉武帝年间，《孙子》应该仍然保持着“十三”的篇目数不变。汉武帝执政时期，曾经下令对兵书又进行了一次搜集工作。据史籍记载：“军

① 吴九龙：《银雀山汉简释文》，文物出版社，1985年12月第1版，第16页。

政杨仆捃摭遗逸，纪奏兵录。”[①]这里所谓的“捃摭”，根据颜师古注，为“拾取”之意。既然是“拾取”，我们据此可以相信，杨仆这次对包括《孙子》在内的兵书应该没做什么大改动，也应当没对《孙子》做过什么篇目“删取”。汉成帝时，曾经下令收集整理兵书。《汉书·艺文志》载：“至成帝时，以书颇散亡，使谒者陈农求遗书于天下，诏光禄大夫刘向校经传诸子诗赋，步兵校尉任宏校兵书，太史令尹咸校数术，侍医李柱国校方技。”这是汉代第三次收集整理兵书。这种收集和整理工作，是不是会造成篇目数的大幅度增减？我们认为，可能性很小。否则我们会据此而怀疑当时的相关整理专家的专业水准和敬业精神。

司马迁在《孙子吴起列传》中，为我们留下了这样一段话：“孙子武者，齐人也。以兵法见于吴王阖闾。阖闾曰：‘子之十三篇，吾尽观之矣。’”还是同样一篇文章，司马迁又说道：“世俗所称师旅者，皆道孙子十三篇。”司马迁在他的著作中，先后两次提及“十三”这个篇目数，据此我们应该可以相信，《孙子》在汉武帝时期仍然维持着“十三篇”的模样。而且，《史记》的这段记载，正好可以和银雀山的出土文献遥相呼应，从中我们应当可以得到这样一个基本信息：《孙子》的篇目数在先秦到汉初乃至西汉末期，应当一直是“十三”。

1978 年，我国考古工作者在青海大通县上孙家寨的一座墓葬中，发掘出一批西汉晚期的木简。其中有一枚木简赫然写着这样的句子：“孙子曰：夫《十三篇》……”[②]从远离中原的这批木简中，我们可以得出这样一个非常强烈的信息：在西汉末期，《孙子》的篇目数，应当仍然维持在

① 《汉书·艺文志序》。

② 大通上孙家寨汉简整理小组：《大通上孙家寨汉简·孙子》，《文物》1981 年第 2 期。

“十三”。既然远在西域，都知道《孙子》为十三篇，中原士人更应当熟知此书的篇目数，不该出现八十二篇的《孙子》。也就是说，我们平常认定的著录在《汉书·艺文志·兵书略》的“《吴孙子兵法》八十二篇”，很有可能不是从西域到中原都很熟悉的那个“《孙子》十三篇”。

从东汉时期的传世文献中，我们可以看出，《孙子》的篇目数在这个时期应该仍然没有发生大的变化。东汉末年的高诱在给《吕氏春秋·上德篇》作注时，曾留下这样一句话：“孙武也，吴王阖闾之将也，兵法五千言是也”①。传本《孙子》中，武经本正好五千多字。如果考虑到传抄过程中可能衍入文字的因素，高诱所说的“五千言”，其实可以和今本《孙子》在字数上求得大致的吻合。从高诱注语中我们不难得到这样的信息：在东汉末世，《孙子》应该仍然维持着“十三篇”的篇目数。也就是说，从西汉初年到东汉末年，《孙子》其实一直维持着“十三篇”的规模在流传。虽则《孙子》流传甚广，甚至远及西域，但其篇目数是相对固定的。

三、著录成疑

后人将《汉志·兵书略》中著录的“《吴孙子兵法》八十二篇”当成是《孙子》十三篇，这应该是一个误会。

著录在《汉书·艺文志·兵书略》的是《吴孙子兵法》共八十二篇，另含图九卷。但是，众所周知的是，传本《孙子》只有十三篇，不仅与八十二篇的规模差距太大，更没有九卷的图谱。《吴孙子兵法》和《孙子》果真是一本书吗？当然不是。汉朝曾三次下令收集整理兵书，对于《孙子》这样一部重要兵书，政府应当会谨慎保管，不会坐视《孙子》的篇目数随意增长，也就是说，《孙子》不应该会从“十三篇”忽然膨胀为“八十二篇”。

① 许维遹：《吕氏春秋集释》，中华书局，2009年9月第1版，第517页。

征诸《汉书·艺文志》，我们可以看到《诸子略·道家》中赫然著录有“《孙子》十六篇”，前人对这一条著录一直多有忽视，或是仅从班固所提供的“六国时”这三个字出发，便推断该书与《孙子》无关，并且是一部久已亡佚之书[①]。殊不知，这其实非常轻率。我们认为，此处著录的“《孙子》十六篇”并不一定如他们所说，果为一部亡佚之书，相反，倒很有可能正是大家所熟知的《孙子》十三篇。

自南宋直至当代，不断地有学者怀疑《史记》有关孙武其人其书的记载，进而认为《孙子》的成书就在六国时[②]。如果按照他们的说法，《汉书·艺文志》所提供的“六国时”这一信息，本可提示我们更加注意这“《孙子》十六篇”与传本“《孙子》十三篇”的密切关系。

在我们看来，“三”和“六”之间其实就是“形近而误”。汉代的字体是隶书，按照隶书的书写规律，点，尤其是每字起笔的点，书写的时候往往写为横，“六”就此习惯写作亖。如果行笔动作稍快，或者墨迹稍有漫漶，“三”“六”之间就非常容易产生形近误。如果抄书之人所面对的是巨大的书山之时，则更容易发生这种误抄情况，而且也对这种误抄现象疏于校正。所以，《汉志·诸子略》中所著录“《孙子》十六篇”，则很有可能是由“《孙子》十三篇”形误而成。

当然，《孙子》何以会被作为道家之书著录在《诸子略》，我们还应当考察汉代学术分类的一些实际情形，包括刘氏父子的“辨章学术”等。

① 张舜徽：《汉书艺文志通释》，湖北教育出版社，1990 年 3 月第 1 版，第 146 页。顾实说，班注云六国时，则非兵权谋家之吴、齐二孙子也，所以他比较肯定地说该书亡佚，可惜立论的基础就是班固的三个字，怕是不可靠。（参见顾实：《汉书艺文志讲疏》，上海古籍出版社，1987 年 2 月第 1 版，第 125 页。）

② 今人齐思和认为《孙子》是战国中晚期作品（详见齐思和：《孙子兵法著作时代考》，《燕京学报》第 26 期）。李零先生也一直坚持认为《孙子》是战国时期作品。

我们似乎是被他们所定的条条框框所束缚，习惯认定《孙子》为兵书，总是先入为主地对《孙子》预先有了一个兵书的判断，故而才会一直习惯于在《汉志 · 兵书略》中找《孙子》，这就找到了《吴孙子兵法》八十二篇，反倒对著录在《汉志 · 诸子略》中的"《孙子》十六篇"有所忽视，察之不深。

今本《孙子》本属坐而论道之作，其中主要内容都是在讨论战略战术和诡道之法。就这一点而言，它和《老子》很可一比。事实上，《诸子略》中的"《孙子》十六篇"一条，马氏入道家，严氏列兵家，姚氏则从严氏列入兵家[①]。"《孙子》十六篇"究竟是一部道家之书，抑或是一部论兵之书，前人已难推定。所以，我们怀疑在《汉志 · 兵书略》中苦苦找寻却又寻找不到的那个"《孙子》十三篇"，原本著录在《诸子略》中。

第三节　三国至隋

三国以后，《孙子》的流传和注释都迎来新的发展。著名军事家曹操抛弃过去那种繁复注解的模式，以简略的笔墨注解《孙子》，却被人误解为删减了篇目。曹操不仅深入研究《孙子》，也善于运用孙子兵学理论指导战争，起到了引领风气的作用，使得魏晋南北朝时期的《孙子》运用达到了一个新的水平。

一、曹操与《孙子》

曹操与《孙子》，一个是著名军事家，另一则是著名兵书，他们之间

① （清）姚振宗辑、邓骏捷校理：《七略别录佚文》，上海古籍出版社，2008 年 12 月第 1 版，第 74 页。

发生联系并不奇怪。在不少人眼里，曹操曾经删改《吴孙子兵法》八十二篇，使之还原成为十三篇，也就是今本《孙子》的模样。但这，也是一场误会。

晚唐的杜牧是较早提出“曹操删减《孙子》篇目”说法的人。他曾经给我们留下这样的一段话：“武所著书，凡数十万言，曹魏武帝削其繁剩，笔其精切，凡十三篇，成为一编。”[①]杜牧这段话，语气相当肯定，但不一定就是事实，有不少学者对此提出过怀疑。清代学者毕以珣便是一位[②]。

杜牧为什么会杜撰出这种事情，根本原因在于，他误将《汉志·兵书略》中八十二篇的《吴孙子兵法》认作是《孙子》。

由于史料阙如，我们对《吴孙子兵法》所知甚少。这既不见诸先秦古籍、同时又赶上了《七略》著录的八十二篇的《吴孙子兵法》，应该是早早就已亡佚的一部书。这部书，《隋书·经籍志》已经不见记载，其具体亡佚时间我们并不知道。它有可能是先秦时期产生的一部古兵书，也有可能是西汉人将同类兵书合编合并而成。总之，它应该是完全不同于《孙子》十三篇的另一部兵书。这部书，即便其中包含了传本《孙子》十三篇之余的六十多篇，我们也无法得知其详，但它不应该是《孙子》十三篇。书名不同，篇目数差距很大，甚至还有“图九卷”之类的差异，将他们联系起来，说成是一本书，多少有点拉郎配的感觉。诸如“《孙子》十三篇增加篇目而成为《吴孙子兵法》八十二篇”“曹操删减八十二篇恢复成十三篇”之类说法，都很难成立。

曹操在给《孙子》作注时，曾经发出这样的感慨：“世人未之深亮训

① 《樊川集》卷十《孙子序》。

② 在《孙子叙录》中，毕以珣曾留下这样一段话：“《孙子》十三篇者，出于手定，《史记》两称之，而杜牧以为魏武笔削所成，误矣。”

说，况文烦富，行于世者失其旨要，故撰为略解焉。”[①] 我们从这段话中，应当可以得出这样两个信息：第一，曹操肯定不是第一个注释《孙子》之人——我们此前曾经讨论过，出自孙子学派的无名注释家早就注释过《孙子》；第二，我们从中并不能看到曹操删减篇目的信息。令曹操发出感慨的，只是那些“训说”《孙子》文辞的“烦富”和“失其旨要”。曹操没有批评《孙子》本身文辞“烦富”，而是批评那些训说《孙子》者文辞“烦富”，这说明曹操手里的本子，和同时期高诱所持之本，应该没有多大差别。曹操用“略解”为自己的这部著作命名，显然也是针对那些烦富的“训说”[②]。曹操对《孙子》的赞许如此之高，如果对其有删减之功，他不大可能对此只字不提。而且，如果真是《孙子》原文烦富，曹操就一定不会对其发出“孙武所著深矣”[③] 之类的褒奖。曹操为《孙子》作“略解”的这种举动，其目的本是矫正“烦富”之风，却不幸让不少人误认为曹操曾经对《孙子》有过删减篇目的事情。造成这个误会的原因，一方面是由于我们对曹操的自序解读得不够细致，另一方面则可能是受到了《汉志·兵书略》所著录的“《吴孙子兵法》八十二篇”的某种干扰。

曹操与《孙子》的关系问题，因为受到文献限制，一直晦暗不明。但相关论题又是孙子学史上的重要论题，甚至是帮助我们揭开《孙子》在汉代流传真相的关键所在。过去有关曹操删减《孙子》篇目的说法长期流行，一度导致有人认为《孙子》十三篇就是曹操的著述[④]。其实，如果所谓删

---

① 《魏武帝注孙子》序。清平津馆刊顾千里摹本。

② 《魏武帝注孙子》尚有一题曰《孙子略解》。参见于汝波主编：《孙子学文献提要》，军事科学出版社，1994 年 10 月第 1 版，第 10 页。

③ 《魏武帝注孙子》序。清平津馆刊顾千里摹本。

④ 朱伯隆：《孙子十三篇作者问题的商榷》，《华东师大学报》1964 年第 2 期。

减篇目的说法成立的话，曹操无疑可以拥有十三篇的著作权，至少是部分的著作权。众所周知，曹操是一位著名的军事家、政治家，行事著文都极有主见，如果删减篇目之说成立，经他删减之后的十三篇还是不是先秦的那十三篇，我们不免要打上一个大大的问号。故此，我们认为，不应该会有曹操删减《孙子》篇目之事发生。

曹操既不是第一个注释《孙子》的人，也没有对《孙子》做过删除篇目之类的举动，但我们还是应当充分看到曹注对于《孙子》流传所起到的作用。

曹操看到那些烦富而且不得要领的《孙子》注释文字，因此决定采用“略解”的方式，来重新注释《孙子》。在这之后，一种简明切要的注释文字便产生了。曹注《孙子》在历史上一直备受重视并流传至今，价值是多方面的。

首先是文献学价值。杨炳安曾经指出，在宋代以前，《孙子》主要是靠曹注流传的[①]。李零也认为，我们现在所看到的《孙子》，其实就是靠曹操传下来的本子[②]。除此之外，曹操注语中也保存了一些古本信息，为我们提供了若干相关古本《孙子》的情况，弥足珍贵。其次，曹注抛弃了那种烦富的注释体例，使得《孙子》的注释文字变得简明切要。曹注这种发凡起例，对后世注释家起到了非常大的引导作用。曹操一生戎马，用兵受到孙子很多影响。在注释《孙子》时，他还能充分结合自己指挥作战的实际经验，要言不烦地把他统一北方的功业，通过注释《孙子》的方式展现给了后人。这既是珍贵的历史资料，同时也开启了征引战例注释《孙子》

① 杨炳安、陈彭：《孙子兵学源流述略》，《文史》第27辑。

② 李零：《兵以诈立：我读〈孙子〉》，中华书局，2006年8月第1版，第16页。

的风气。此外，曹操简古的注释语言，为我们搭建了一座与更加古朴的《孙子》之间沟通的桥梁。就时间跨度而言，曹注毕竟要比唐宋以下注家去古更近，多少可以为我们理解《孙子》原意提供一些帮助。

总之，曹注的价值是多方面的，故此才会备受重视。在宋代，包括《孙子》在内的七种兵书被立为兵经，习称《武经七书》。这七书中，其他六书皆用白文，而《孙子》则留有曹注。可见，曹注《孙子》一度变相取得了与兵经相等同的地位，而这显然是其他《孙子》注本所无法比肩的。

从汉末到隋朝，除了曹操采用简略的方式注解《孙子》之外，还有不少人注释《孙子》并有作品问世，比如张子尚、贾诩、王凌等。只是这些注释之作，基本都已失传，有的甚至连作者姓名都没有留下，有的则只能从《隋书·艺文志》等古书中见到著录而已。魏晋南北朝时期，战乱连连，书籍损毁非常严重，这可能是这些《孙子》注释作品中道失传的关键原因。大浪淘沙，最后只有曹操注释的作品得以流传下来。这应当和曹操显赫的身份地位有关，也与曹操的注本非常优秀、流传较广有关。

二、多方运用

从史籍中可以看出，三国至南北朝时期，军事家们大量借鉴和运用《孙子》的情况。其中较为突出者，可以举出曹操、诸葛亮、司马懿、陆逊、羊祜、杜预等人。他们在战争中，善于使用谋略制胜。《孙子》的兵学谋略和军事思想，就此得到淋漓尽致的发挥。

如前所述，曹操对《孙子》有着非常精湛的研究，还为这部兵学经典完成了一部言简意赅的注释之作。在实际战争中，他也是运用孙子谋略的高手。诸葛亮在《后出师表》中曾赞叹曹操：“其用兵也，仿佛孙吴。”当曹操成功挟持汉献帝，占据“挟天子以令诸侯”的有利局面之后，他先后消灭袁术、吕布和袁绍等豪强，控制了北方大部分地区。在与袁绍的决战中，就充分运用《孙子》“夺其所爱”和火攻战法，在官渡之战中以弱胜强，成功击败袁绍。

由于袁绍在兵力上占据着绝对优势，曹操只能力争以巧取胜。当他得知袁绍军中的布防情况，尤其是有关后勤补给的重要情报之后，采纳了手下谋士的建议，决定利用黑夜为掩护，从小路偷袭乌巢。袁绍听说乌巢遭到偷袭，无心再战。曹操则乘势对袁军发起总攻，将袁军杀得大败。袁绍手下重要将领张郃和高览都在战前倒戈，投降了曹操。袁绍最终只能带着八百轻骑仓皇逃回河北。通过官渡之战，曹军斩杀袁军七万人，获得一场全胜，为曹操基本统一北方奠定了基础。

纵观官渡之战，曹操奇袭乌巢是关键。而这正是曹操坚决贯彻孙子的“夺其所爱”主张的具体体现。在实际战争中，曹操又成功运用了孙子的火攻战术，改变了兵力不足、士气低落的颓势。应当说，这与曹操长期精心研究《孙子》有着直接的联系。

当然，曹操虽是兼备文韬武略，谙熟兵法，却在赤壁之战中遭遇同样富有谋略的诸葛亮和周瑜等人，被孙刘联军击败。

孙刘联军面对实力强大、气势汹汹的曹军并没有退缩，而是果断联手，加紧布防，等待时机组织反击。最终，他们利用有利的气候条件，对曹军实施火攻，一举将曹操水军击溃。曹操大军被迫回撤，但在撤退的过程中，也不断遭到伏击，损失惨重。

曹操在赤壁之战收获了和官渡之战完全不同的战局，这并非《孙子》的军事谋略失灵，而是曹操忘记了孙子诸如结合天时和有利地形作战等告诫，战术运用不当，甚至完全违背了孙子相关战争的基本原理，加之又遇到了更加善用兵法的对手，计谋运用失灵。再等到对方使用火攻发起进攻时，军队的运转出现巨大困难，战局呈现一边倒的颓势，数十万大军最终灰飞烟灭。

诸葛亮对《孙子》有着深入研究，能够熟练记诵其中名言。在和司马懿对峙过程中，诸葛亮多次使用诱敌之计向其发出挑战，但司马懿不为所动，坚守不出。诸葛亮派人送去女人的服饰，以此侮辱和激怒司马懿。司马懿终于大怒，立刻上书请求出战。诸葛亮对此心知肚明，知道司马懿本来就没有出战的意思，只是故意装出请求出战的模样，以此保持军队的士气。诸葛亮引用了《孙子》的名言“将在军，君命有所不受”，指出，如果司马懿真想出战，是不必长途请示的[①]。事实正如诸葛亮所料，司马懿只是使用了一出拖延时间的诡计。

韦孝宽是一位非常善于用间的军事家。他曾深入研究孙子的用间术，也用自己精心设计的间谍活动，以较小的代价换取最大的战果，非常恰当地注解了孙子的用间术，证明了孙子“赏莫厚于间”的合理性以及“五间俱起”的巨大威力。韦孝宽所设计的几起间谍活动几乎都是间谍史上的经典案例。

在这段时期，也有拘泥运用《孙子》兵学原理遭到失败的案例，其中最为典型的要数三国时期蜀国的马谡。在丢失街亭的战役中，马谡拒绝手下将领的建议，将部队驻扎在缺失水源的高地，企图达成“置之死地而后生”的效果，没想到他的大队人马就此被魏军包围分割，因为缺少水源，导致军队溃败。

魏晋南北朝时期，《孙子》已经开始深刻地影响当时的学术著作。《将

① 《晋书·宣帝纪》。

苑》旧题为诸葛亮所著（实际也可能是托名之作），其中就有不少出自对《孙子》的模拟。尤其是十七条“相敌之法”，大多可以从《孙子》的“相敌之法”中找到出处。包括《便宜十六策》，其中也有不少受《孙子》深刻影响。比如其关于“五间之道”的论述、关于将帅的论述等等，其论述形式和内容等，都可以从《孙子》找到影子。除此之外，司马彪在所撰《战略》中，也多次引用《孙子》字句进行论证，反映出当时的战略理论研究对《孙子》的借鉴情况。

《孙子》文采斐然，魏晋南北朝时期已经有很多文学家对其进行深入研究，包括一些文学作品，也都受到这部兵典的影响。《文选》中，我们可以看到左思的《吴都赋》等篇章描写当年孙武事迹。至于刘勰的《文心雕龙》，不仅称赞《孙子》“辞如珠玉”，甚至连布局谋篇都受到《孙子》的直接影响。北齐刘昼所撰《刘子》，借用《孙子》文意，主张“兵贵伐谋”，同时也探讨了“兵形象水”等道理。魏晋南北朝时期的笔记小说集《世说新语》，其中也有引用《孙子》的字句。这些现象说明，《孙子》这部论兵之作，其影响力已远远超出军事界，在魏晋南北朝时期已经成为文人的新宠。

第四节　唐宋时期

唐代延续了魏晋时期的注释之风，注释作品更多更精，这为宋代《孙子》研究的进一步深入奠定了基础。北宋时期，政府为了对抗北方游牧民族的侵扰，决心提振兵学，《孙子》等七部兵书就此被列为兵经，供武人将佐学习之用。七部兵书中，《孙子》更是被立为兵经之首。此举极大地提升了孙子兵学的地位，对《孙子》更进一步的普及和应用起到了极大的刺激作用。

一、注家蜂起

唐代初期，孙武的地位尚且不算太高，政府尊崇的是姜太公。孙武只是连同韩信、吴起、李靖等人一起被视为吕尚的学生辈。唐高宗上元元年（760），吕尚被尊奉为武成王，时人奉以高规格的献祭。武成王之下，也模仿文宣王孔子的规格，设置“十哲”。白起、韩信、诸葛亮、李靖、李勣列于左，张良、田穰苴、孙武、吴起、乐毅列于右[①]。很显然，从这种安排可以看出，孙武在其时的地位并不是非常突出。

唐代重视兵学是毋庸置疑的，否则就不会有吕尚的封王和献祭。但是，孙武只是被当作“十哲”中的普通一员，《孙子》的地位并不算特别突出。所以，一直广为流传的唐太宗李世民盛赞《孙子》的语言就不能当真。这些赞扬的句子来自《李卫公问对》，这部兵书在宋代也被立为兵经。书中，唐太宗李世民与手下杰出将领李靖研讨兵法，君臣二人一问一答，留下了不少精彩的谈兵之论。

按照《李卫公问对》的记载，《虚实篇》是被唐太宗和李卫公称赞为十三篇中最好的一篇，“致人而不致于人”一句，则被他们认为是这一篇中最好的一句。在《李卫公问对》卷中，唐太宗说：“朕观诸兵书，无出孙武；孙武十三篇，无出虚实。”而李靖则说：“千章万句，不出乎‘致人而不致于人’而已。”从中可看出君臣二人似乎对《虚实篇》乃至《孙子》推崇备至。

① 于汝波主编：《孙子兵法研究史》，军事科学出版社，2001年9月第1版，第93页。

但是，这些对话更像是虚构出来的，而不是真实发生过。试想，如果唐太宗果真如此盛赞《孙子》，那么孙武和《孙子》在唐代的地位，肯定不至于如此普通。

当然，在崇尚兵学的李唐时代，《孙子》还是得到了很好的流传。这个时期的注释作品越来越多，而且内容和形式上都较之前有较大创新。这些注释之作，对推广《孙子》兵学思想，也为宋代《孙子》兵学地位的最终确定，起到了非常重要的铺垫作用。资料显示，在唐代初期，《孙子》还流传到日本和朝鲜，影响力从中原进一步扩大到东北亚地区。

唐代重要的注家有李筌、孙镐、贾林、杜牧、陈皞、纪燮等。除此之外，杜佑在编纂《通典》时也阐发了自己的独到见解。这些注释文字，大多保存在《十一家注孙子》中，至今仍然可以看到，是我们研究《孙子》的重要参考。

李筌，生平事迹不详，主要活动在唐代开元、天宝年间。他曾积十年心血撰成十卷本《太白阴经》，也花了很大力气注释《孙子》。他的兵书作品，受到孙子影响较大，可视为是对孙子兵学思想的引申和发挥。他的注释作品，也多少有点“我注六经，六经注我”的色彩，注意从总体上把握孙子兵学思想，而不是拘泥于个别词句的解释。另外，李筌用较多篇幅使用史事和战例解释孙子兵学原理，这也有开风气的作用。之前的《孙子》注释，比如曹注，也多少涉及战例，但不会有这么大篇幅。

当然，李筌注释《孙子》之时，明显地露出一丝兵阴阳的色彩，表现出与其他注家迥异的面貌。李筌的《太白阴经》一书，更是大量充斥占星望气、遁甲六壬等内容，因此被张之洞斥之为荒诞[①]。李筌这种有意援引兵阴阳思想的注释风格，明显与孙子“不可取于鬼神”和“必取于人”的精神背道而驰。

唐代研究《孙子》卓有成就的还有杜佑和杜牧。他们是祖孙关系，都以文史见长。杜佑曾在唐朝德宗、顺宗、宪宗三朝担任宰相，并编撰有《通典》。杜佑虽是一名文官，但对军事问题表现出浓厚兴趣，在所撰《通典》中，有多达十五卷的论兵之作，名之曰《兵》。杜佑注释《孙子》的文字也存于《通典》，后人将其一一辑出，连同曹操、杜牧等人的注释文字，汇刻成《孙子十一家注》。从这些注释文字中，我们不难发现，杜佑对于兵学问题曾有过深入思考。

杜牧受祖父影响，对兵书和军事问题也非常关注。杜牧的诗歌成就很高，留下许多优秀的文学作品，和李商隐并称“小李杜”。杜牧注释《孙子》，在历史上一直有着很大的影响。通过注释《孙子》，杜牧阐发了自己的兵学思想，也充分展示了自己的政治抱负，更可以看出他对《孙子》有着精深的研究。杜牧的注释文字，同样重视援引战例，能详则详，不避繁琐。当然，也正是这样繁复的注解文字，让陈皞对其发出“疏阔”的讥讽。

陈皞，生卒年不详，约与杜牧同时。从其注释《孙子》经常攻击杜牧的情况来看，他可能比杜牧稍晚。陈皞注《孙子》，曾以单行本流传，后来失传，注释条目因为十一家注本收藏，才得以流传至今。陈皞注本一度影响很大，欧阳修曾将其与曹操、杜牧比肩，并称为“三家注”。其实，如果将其与曹注比较，质量稍欠一等，与杜注相比，数量稍逊一筹。当然，

① 清代张之洞《书目答问·子部·兵家》曰：“《太白阴经》《虎钤经》之属，荒诞不经。”

陈皞注本也有自己的创见和特点，是十一家注中非常重要的一家。

此外，唐代还有贾林注《孙子》，也是重要一家，曾被辑入《五家注孙子》中，今本“十一家注本”中也有收录，只是条目不是很多。贾林注中，保存有若干古本《孙子》的重要信息。比如《军争篇》“廓地分利”一句，不少人认为“廓”原本为“扩”，因为南宋时期避高宗讳而改为“廓”。但贾林认为，这个“廓”其实是“度”，也就是“度量”之意。《九变篇》的篇题，前人争论较多。从《十一家注本孙子》中可以看到，曹操有校语说“九变，一云五变”。贾林的注语也支持这种说法。显然，贾注为我们考察《孙子》古本情况，提供了一些重要信息。

总之，唐代注释《孙子》的成就非常高，出现的注家也多，给后人留下的注释文本和词条也非常丰富。它们至今仍是我们研究《孙子》的重要参考读物。

唐代也不乏运用孙子兵学思想指导战争的成功战例。名将李靖就曾巧妙运用虚实之术和速决战法，成功地击败萧铣。郭子仪、李光弼平定安史之乱的重要战役中，也成功使用了孙子“以迂为直”的战术，取得了奇效。

唐代是诗歌鼎盛的年代，诗人也多寄情于《孙子》。刘希夷、高适、李商隐等人的诗歌，韩愈的文章，都曾提及孙子或引用《孙子》的名言。比如罗隐《题集》亦有“忍教孙武重泉下，不见时人说用兵”的诗句[①]。在唐代，《孙子》的地位虽然没有升起到宋代那样的高度，但已经逐步掀起一股热潮。这为宋代《孙子》更广泛的流传以及地位的进一步确立，奠定了基础。

① 见《诗话总龟》卷二十四引宋代钱易《南部新书》。

二、荣升兵经之首

宋代建立后，《孙子》的地位经历了由衰落到兴起的一个过程。赵匡胤立国之初，吸取唐朝后期藩镇割据的教训，制定了“修文偃武”的政策，兵书也被朝廷列为禁书。在这种情况下，《孙子》作为兵书的代表，自然也会受到牵连，关注和研究力度都会受到很大影响。在此期间，《孙子》研究处于低潮期，注释作品鲜有一见，流传也会受到抑制。

仁宗年间，随着北方少数民族的崛起和宋军在交战中的连吃败仗，政府终于开始重视兵学。康定元年（1040），宋仁宗下令修撰大型军事著作《武经总要》，并修建武成王庙，以此宣示了他重振兵学的决心。在这种情况下，朝野研究兵学的热情渐炽，《孙子》重新受到更多关注，甚至被官方立为教材，供将领学习。

神宗元丰年间，《孙子》被立为兵经，地位由此得到最大程度的提升。元丰三年（1080），为适应武举取士的需要，更为振兴兵学、选拔优秀人才的考虑，神宗下令将先秦至唐代产生的七部兵书定为《武经七书》（其他六部兵书为：《司马法》《吴子兵法》《尉缭子》《三略》《六韬》《李卫公问对》）。在这七部兵学经典中，《孙子》被列为首位，这无疑进一步确立了《孙子》在军事领域的地位，也使得孙子兵学思想研究进入一个崭新的阶段。

《孙子》被立为兵经之后，宋代的兵学研究，尤其是《孙子》研究迅速升温，注解和研习之作不断出现，创造了继唐代之后又一个注释《孙子》的高峰期。宋代注家较多，其中主要的几位代表人物，如梅尧臣、王晳、何氏与张预，其注语均收录于《十一家注》中。宋代的《孙子》研究成就很高，这从十一家注本选择收录的注释作品中，也可见一斑。

张预的《孙子注》，是宋代非常重要的一家。《十一家注》中，收录张注词条最多。张预注重从整体上考察和研究孙子兵学思想，其注语不厌其烦，独具特色，甚至采用了非常独特的对话体注释方式（疑从古书中辑录而来）。张预也较早关注《孙子》篇次问题，在注释《孙子》时，张预特意对每一篇的篇题都有留意，尤其重视发掘十三篇之间的内在联系，这一点受到很多孙子研究专家的认可。

梅尧臣是北宋时期著名的文学家。在《十一家注》中，他的注释词条就数量而言，仅次于张预，排名第二。梅注的特点是言简意赅，显示出其作为文学家的深厚文字功底。宋代同样以文学名世的著名政治家欧阳修对梅注评价很高，认为梅注可以和曹操、杜牧、陈皞三家并列。

王皙是一位经学大家，对《周易》和《春秋》有着精湛的研究。他注释《孙子》的单行本，据《郡斋读书志》《通志》《文献通考》等古籍所著录，共有3卷，但早已失传。从《十一家注》所保存的注语可以看出，王皙的注释，偏于文献学，注重训诂和校勘，而且多有创见。

宋代注释孙子的著名注家，尚有不知名字、只知姓氏的何氏。何氏留下的注释文字也多，何注的特点是不拒繁琐，追求文字的气势。他也大量借用古代战例进行注释，这样难免会造成语言上的更加繁复。就这一点而言，何注和曹操的“略解”，恰好形成了鲜明的对比。

此外，还需要特别提到的是宋代学者郑友贤。他所留下注解孙子的文字不是很多，故此谦称《遗说》。《遗说》的文字不多，却非常重要。给我们留下最深印象的是，郑友贤注意到《孙子》篇次安排的精妙。郑友贤认为，从《计》篇开始，又以《用间篇》结束，其实是作者自有深意蕴含其中。《计篇》中说，“故经之以五事，校之以计，而索其情”，而《用间篇》所说正是“索其情”。所谓“计待情而后校，情因间而后知”，故此，以《计》为始、以《用间》为终的这种安排，在郑友贤看来，是“从易而入难，先明而后幽，本末次序而导之，使不惑也”[①]。郑友贤的这种解读方式，所提及的虽只是一始一终，着眼点却是《孙子》的整体性，所关注的是十三篇的内在结构。他所找到的出发点是“知情”，也即今天情报学关注的内容。这种讨论很有深度，视角也非常独特，对我们研究和解读孙子兵学思想体系具有重要启示意义，也对后世产生了久远的影响。

总之，宋代注家对孙子兵学思想多有发明，于十三篇文本也有校勘之力，一直为研究《孙子兵法》者所重视。除了上述几位代表性注释家和研究人物之外，金人施子美所撰《武经七书讲义》中的《孙子讲义》，对阐述与传播孙子的兵学思想，也起到了积极的推动作用。

宋代著名类书《太平御览》大量引录《孙子》字句，宋人编撰的兵书，如曾公亮的《武经总要》和许洞的《虎钤经》等，也都大量引用《孙子》。在这个时期，不仅官方组织学习《孙子》，民间也有很多人苦心研习，包括大量文人也都参与其中，大家各抒己见，自由争鸣。其中最具代表的是苏氏父子，即苏洵、苏轼和苏辙。

苏氏父子都是儒者，是著名的文学家和政治家。他们不仅文章冠绝天下，受到时风影响，也投入大量精力研究军事问题，对《孙子》也都有深入研究。苏洵更是留下了论兵著作《权书》。

作为儒者，苏轼父子对于孙子的诡诈之术颇有微词，强调用兵应该本着正道，认为只要守住仁义正道，就一定能够取得战争的胜利。在他们眼中，

① （宋）郑友贤：《十家注孙子遗说并序》。参杨炳安校理：《十一家注孙子校理》，中华书局，1999 年 3 月第 1 版，第 328 页。

包括用间术在内的种种诡诈之术，都是违背圣人之道的行为，需要加以批评。这种认识，与其儒者的身份直接相关，当然是一种偏见，忽视了战争行为的本质属性，并不符合历史潮流，但是也并非一无是处。比如苏洵对于孙子用间术的批评，就很有独到见解。在苏洵眼中，用间有成有败，所谓“成则为利，败则为祸”。既然是诡诈之术，当我们在对敌人实施时，敌人也可能会反其道而行之，对我方行使诡诈之术，故此，苏洵认为“能以间胜者，亦或以间败”[①]。苏洵总结用间行为可能存有“三败”，需要加以警惕。这种一分为二的看法，其实是一种客观辩证的态度，可谓独具卓识。

在宋代，由于印刷出版技术获得进一步发展，宋人在刊刻《孙子》方面也做出了突出贡献。《武经七书》的刊行与《十家注》《十一家注》的辑刊，对《孙子》的流传起到了非常重要的作用。历史上所谓《孙子》两大传本系统，宋人对其形成有着不可磨灭之功。

宋代经济发达，文化繁荣，但军事上偏弱，这与政府长期推行“修文偃武”的政策多少有点关系。宋代一直面临着北方民族的侵扰，先是辽，后是金，再是蒙古，都对宋人构成致命威胁。北宋就是在金人一再逼迫之下，最终灭亡。仁宗和神宗决心重振武学，甚至将《孙子》立为兵经，却很难从根本上改变颓势。《孙子》虽被立为武经之首，却一直不断有人对其竭尽贬斥之能事，主要是攻击其诡诈之术与儒家的仁义道德不合。如前所述，苏氏父子也曾参与其中。这种现象说明，朝野不少人对《孙子》地位的突然隆起，内心深处并不是心悦诚服。不仅如此，武人将佐对于《孙子》兵学理论的实际应用也偏弱。正如有学者所说，一旦立为“经”，就会成为束缚人们思想的绳索[②]。他们更

① 《权书·用间》。

② 于汝波主编:《孙子兵法研究史》，军事科学出版社，2001年9月第1版，第127页。

习惯将其作为学问来孜孜考究，也就此失去了灵活运转的能力。整个宋代，孙子兵学理论研究很有气象，但实际应用水平却不是很高。正是这个原因，《孙子》被立为兵经之后，北宋政权并没有就此改变被动挨打的局面，只能眼看着国土一步步地沦陷，从长江之北退守至江南一隅，最后连江南也守不住，被蒙古人夺去了全部的疆土。

第五节 明清时期

明清时期，封建专制达到了一个顶峰，加上政府对兵学一度持打压态势，这让《孙子》的研究和传播受到了很大影响。相比之下，清代体现得更为明显。当然，宋代对于《孙子》的推广力度，加上宋代以后印刷技术的不断改进，足令《孙子》的研究热潮得以保持惯性的延续。清朝中晚期，《孙子》文献学研究成绩更为突出一些，实际应用方面则成就不大，这应该与当时严酷的文字狱所造成的特殊历史环境有着直接关系。

一、论兵之风的延续

明朝建立后不久，朱元璋便罢宰相之位，行特务之政，建立起空前专制的政权。这个专制的朝代，并不排斥兵书，留下的兵学著作非常多，仅就存目兵书来看，几乎占历代兵书总和的三分之一左右[①]。据统计，在明代诞生的千余部兵书中，有关《孙子》的就占据了200多部[②]。可以看出，

① 据《中国兵书知见录》记载，包括民国在内，历代存世兵书共计2308部：明代则有777部，加上明代存目兵书也有246部，两者相加，有1000余部。参见许保林：《中国兵书通览》，解放军出版社，2002年1月第2版，第21页。

② 于汝波主编:《孙子兵法研究史》,军事科学出版社,2001年9月第1版,第134页。

宋代热衷研习兵书和《孙子》的风气，在明朝得到了很好的延续，各种《孙子》研究专著层出不穷。从宋代开始的论兵风潮，一直延续到了明代，使得古典兵学的理论山峰显得更加巍峨和壮丽。

明朝洪武三十年（1397），明朝政府曾令兵部复刻元版《武经七书》供将帅学习。到了建文帝初立武举，英宗皇帝正式推行武举，有关武举的制度逐步规范化。朝廷希望通过规范的武举考试来选拔军事人才，《武经七书》本《孙子》由此而得到更为广泛的流传。明代有关《孙子》的书籍，其中有不少重要作品一直流传至今。

相比宋代，明代的武学科考更加规范和制度化，为应付策试而刊印的标题讲章之类也在明代逐渐发展起来。刘寅的《武经直解》甚至被官方钦点为教材，成为法定的军事教科书，取得了难以替代的崇高地位，这多少也对《孙子》的流传和普及起到了一些作用。刘氏此书，连同赵本学的《孙子书》等，至今仍是人们研究《孙子》的重要参考书。除此之外，郑灵、陈天策、曹允儒、黄献臣、李贽、何守法等人的注本，也曾影响一时，对于研习《孙子》也不乏参考价值。

明代开国时期，朱元璋就非常善于使用火攻战法挫败对手。比如在与陈友谅的鄱阳湖决战中，面对武器装备和战船都处于优势的强大对手，朱元璋借鉴《孙子》的火攻战法，成功击败强敌，取得了一场酣畅淋漓的大胜，也就此占据了群雄逐鹿的优势地位。随着军事科技的发展，明代的火器研发取得了飞速发展，《孙子》所提倡的火攻之法，由此得到朝廷和将领的更多重视。明代产生了《火攻备要》《火攻挈要》等系统论述火攻战法的兵书，在祖述《孙子·火攻篇》的同时，也非常注意引进西方的火器战法，学习西方的火攻理论，这些对明代战术的丰富和战法的变革，都起到了难以估量的作用。显然，《孙子》兵学理论在面对军事科技飞速发展的明代，其实际应用价值不仅没有褪色，反而得到了更大程度的发挥，地位更加凸显。

明代著名抗倭将领戚继光将研习《孙子兵法》与自己长期抗倭的实践结合起来，对孙子兵学思想既有继承也有发展。从他所留下的《纪效新书》《练兵实纪》等军事著作中，我们可以看到他系统研读《孙子》，受其深刻影响的痕迹。

比如说，戚继光将作战类型分为“算定战”“舍命战”和“糊涂战”三种。三者相较，他不仅反对仅凭热情和勇敢与敌人作硬拼式作战，更反对“不知彼不知己”的“糊涂战”，而是只提倡在占据充分的情报，并经过周密分析和筹划之后的“算定战”。戚继光的“算定战”要求战前对敌我双方实力进行综合比较，对敌情有充分了解：“先知彼而后可以谋算。”接下来便是“谋算”，即分析彼此实力，计算出“得算多少”，从而判断能否作战，这是戚继光重战、慎战思想的具体体现，也是对孙子“庙算”理论的继承和发扬。此外，戚继光的“海战相敌 20 法”，虽说是戚继光从实战中总结出来的经验之谈，却也能从中看到《孙子》“相敌 32 法”的影子。除此之外，戚继光对将帅的要求、严明的治军思想，包括他实际抗倭中的用兵谋略等，都可以在《孙子》中找到源头。

明代兵书中，有不少是文人之作，体现出宋代文人论兵传统的延续之风。其中最为典型的，要数何守法模仿《孙子》著述的《投笔肤谈》。是书结合历代战例阐发孙子兵学思想，不失为一部有思想和有价值的兵书。何守法特地将篇数凑成十三篇，甚至每一篇的篇名都以《孙子》作为参照，受《孙子》影响的痕迹非常明显。

明末清初的军事理论家揭暄所著的《兵经》，是一部特色鲜明的兵书。

作者尝试以一字来概括一条用兵原则，共一百字，论述了一百条用兵原则。作者自视甚高，认为该书就兵学体系而言，比《武经七书》更加完整，也更有思想价值。其实，《兵经》从内在结构到条目的撰写等，都受到《孙子》的深刻影响。作者将书名自署为“经”，意欲与公认为兵经之首的《孙子》一较高下，但恰恰说明其内心深处留有《孙子》挥之不去的痕迹。

明代出现了不少综合性大型兵书，有的只是完成了对包括《孙子》在内的著名兵书的辑录和注解，如《兵钤内外录》等；有的则是结合当时战争形势和军事科技的发展，力图为武人将佐提供百科全书式的工具书，比如《续武经总要》和《武备志》等，多多少少也烙下了《孙子》的印记。

《武备志》是明代茅元仪所辑录的一部大型的军事学类书，共240卷，两百余万字。其中《兵诀评》属于第一部分内容，在收录诸如《武经七书》这些重要兵书的同时，还作了一些简明扼要的点评。在《武备志·兵诀评》中，茅元仪曾对《孙子》作过如下评价：

> 先秦言兵者六家，前《孙子》者，《孙子》不遗，后《孙子》者，不能遗《孙子》。谓五家为《孙子》注疏可也。

茅元仪的这段评语是就先秦兵六家而言，但不少人掐头去尾，只记下中间的一段话——“前《孙子》者，《孙子》不遗，后《孙子》者，不能遗《孙子》”，用它来概括《孙子》对于我国古代兵学史所产生的影响。确实，仅就古典兵学思想而言，用茅元仪这几句话对我国古典兵学思想史进行概括和总结，也堪称允当之语：早于《孙子》的，《孙子》都充分予以吸收，晚于《孙子》的，都不免受到《孙子》的深刻影响。

二、重文献，轻应用

清朝统治者对于兵书的态度比较暧昧，他们一方面对兵书有着一种恐惧和打压心理，比如批评《武经七书》“未必皆合于正”，不是什么“王道”，甚至在编修四库全书时，对兵书大量裁剪，《孙子》的注释作品全都抛弃，只留下一篇白文；另一方面，他们又不能不以武事为重，依靠武举来选拔人才。清政府曾下令将《武经三子》（即孙、吴、司马法）作为武举的必考科目，提倡研习《孙子》之风。大量禁毁兵书，唯独不禁《孙子》，可见在清朝统治者眼中，《孙子》一度取得了非常特殊的地位。

为适应朝廷推广武举考试、选拔军事人才的需要，清政府从顺治朝开始，就非常注意加大相关出版力度。据统计，截止雍正朝，已产生有关《孙子》的著作 41 种[①]。当然，从总体上打量，这些著作追求的是文字浅显，通俗易懂，因为读者群是文化水平不高的武人，故此，这期间的《孙子》研究水平不是很高，但众多普及读物的出现，还是多少促进了《孙子》的流传。

因为朝廷的重视，清代的《孙子》研究从总体上来看，仍然处于一个较为发达的时期。清代出现的《孙子》注家就多达五十余位。王瞰的《孙子集注》收罗不少前朝旧注，历来为研究者所重视。孙星衍在“道藏”中找到《孙子集注》作为底本，对十三篇文字作了许多校改，并据《宋志》而改称为《孙子十家注》。经孙氏所校的这个版本，成为在近世流传最广、影响最大的《孙子》书，改变了此前“武经本”长期一家独大的局面。

在宋代立《孙子》等书为兵经之后，武经七书本《孙子》一直是社会上的主流《孙子》读本。相对而言，《十一家注本孙子》相对比较沉寂。

---

① 于汝波主编:《孙子兵法研究史》，军事科学出版社，2001 年 9 月第 1 版，第 156 页。

这种“武经本”独大的局面，一直到了孙星衍手中才得到改变。清代的郑达和孙星衍等人，在“道藏”中找到了一直沉寂的宋本十一家注《孙子》。郑达是较早重视十一家注本《孙子》的清代学者，而郑氏所见本就是来自“淮阴道藏”[①]。不知道孙星衍是否受到了启发，他同样是从“道藏”中发现了《孙子》，因为他曾经这样说过：“曩，予游关中，读华阴岳庙道藏，见有此书……”[②]对于这个宋本，孙星衍进一步进行校勘整理和推广，终于使得它成为与“武经本”并驾齐驱的传本。

清代学者非常重视考据之学，尤其是乾嘉学人，他们被越来越残毒的文字狱所震慑，学术路数发生重大改变，由此逼出孜孜于考据的乾嘉学术。就《孙子》研究而言，情况与之类似。相比较前朝，清代的《孙子》研究，最突出的成绩也恰在文献学上，尤其是文字的校勘成绩很大。清代著名的《孙子》研究专家，诸如邓廷罗、顾福棠、黄巩、毕以珣、孙志祖、洪颐煊、俞樾、孙星衍、于鬯、王念孙、孙诒让等，都为《孙子》的校勘等方面做出了贡献，对于阐发《孙子》文意，准确解读孙子兵学思想不无裨益。

到了晚清时期，魏源、林则徐等人痛感于清廷衰败、外敌欺侮，号召“师夷长技以制夷”，主动向西方学习，以《孙子》为代表的传统兵学开始受到冷落。其中尤其以张之洞等人为代表。他在《书目答问》中，一方面将《太白阴经》等书斥为荒诞不经，对于古典兵学理论的总体评价并不是很高，一方面对《孙子》“存而不论”，故意对其进行冷处理。郑观应、陈昌龙等人更是对《孙子》提出过尖锐的批评。可以说，在国运不振的晚清时期，已经有不少人将《孙子》视为保守和落后的代名词。《孙子》和这个老大帝国一样，是亟待唤醒的巨人。

---

① 杨炳安：《十一家注孙子校理》，中华书局，1999 年 3 月第 1 版，第 9 页。

② 《孙子十家注》，《诸子集成》（六），中华书局，1996 年 2 月第 1 版，第 1 页。

第六节　民国至今

民国之后的《孙子》传播和研究经过了几番起伏。民国到抗战期间，《孙子》研究逐步迈向现代，国人希望这部古老的兵书能够指导国人保家卫国，使得相关研究渐入高潮。新中国成立到“文革”结束，《孙子》流传和研究陷入沉寂。这种沉寂的状况，一直到“文革”结束之后才取得根本改观。

一、迈向现代

开启民国《孙子》研究大幕的，数陆懋德和蒋方震。二人研究路数存有差异：前者多取法于传统，后者则更贴近时代。

陆懋德的成绩集中于注释，代表作为《孙子兵法集释》，成书于民国四年（1915）。陆懋德对当时一度通行的《孙子十家注》并不满意，称其“词冗而义晦”，故而进行大量的辨证和删削，从中可以看出其注释工作仍是遵循传统路子，尤其受到儒家经典的注释方式的影响。当然，即便如此，陆懋德训释《孙子》兵学理论不仅能翻出新意，而且散发出的信息量也大，故此一度受到广泛重视，产生了一定的影响。

民国时期，和陆懋德一样采用传统注释方式的研究著述，还有易培基《读孙子杂记》等。

蒋方震更注意援引近现代理论注解《孙子》，紧跟时代步伐。无论是和刘邦骥合著的《孙子浅说》，还是独撰的《孙子新释》，都注重将西方军事思想与《孙子》进行比较研究，开启了研究新风。民国时期的《孙子》研究和传播取得了很大成绩，蒋方震的引领作用不容忽视。抗日战争爆发后，一些国民党高级将领多借鉴蒋氏之法，对《孙子》展开更大规模研究，产生了一批重要作品，比如夏寿田《孙子选注》、叶慕然《孙子兵法新诠》、刘文屋《孙子释证》、齐廉《新注孙子兵法直讲》、吴石《孙子兵法简释》、陈启天《孙子兵法校释》、陈华元《孙子新诠》、吴鹤云《孙子兵法新检讨》、萧天石《孙子战争理论之体系》等等。许有成的《孙子与现代》、徐庆誉《孙子兵法与现代战争》，更是着力挖掘古兵书的现代价值，力求能为抗战起到启示作用。

民国期间还有一位重要代表人物李浴日，曾著有多部《孙子》研究论著，包括《孙子兵法之综合研究》《东西兵学代表作之研究》《孙子兵法新研究》等。李浴日将孙子的军事理论归纳为先知、计划、自然、求己等十大原理，给人以耳目一新的感觉。作者对近代兵学，尤其是西方近代军事理论有着较深研究，所以有条件对东西方兵学做比较研究，融汇古今和东西，成为民国时期有着突出影响的一家。

支伟成的《孙子兵法史证》、周传铭的《孙子兵法古今释例》和钱基博的《孙子章句训义》也具有鲜明的特色。他们所有的共同点是，大量援引古今战例注释《孙子》，其中钱氏的《训义》更是注意结合现代战例，使得其著述更具特点。

民国时期，包括梁启超和钱穆在内的很多学者，对《孙子》的作者和成书年代进行深入研究，也取得了一些重要研究成果。其中，论述最为系统的要数齐思和。齐思和从书中所反映的战争规模、战术思想、军制特点及写作体例等，推断孙武“未必有其真人”，《孙子》则“为战国中后期之著作”[①]。李丕基著《孙子十三篇释疑》，考察春秋著名战争和军制，

① 齐思和：《中国史探研》，中华书局，1981 年 4 月第 1 版，第 225 页。

结合《孙子》书中“霸王”“形名”等词语，判断《孙子》出于孙膑之手。

当然，当时也有不少学者反对上述“战国成书说”。李浴日综合清中叶以后的研究成果，论证了《孙子》确为春秋时期诞生的兵书，并明确反对将其定为孙膑所著。持论相似的还有余毅恒、杨杰、杨家骆、陈启天等人。

民国期间，《孙子》校勘学取得很大成绩，带动了《孙子》的研究和流传。陆懋德的《孙子兵法集释》、易培基的《读孙子杂记》和陈启天的《孙子兵法校释》等，是其中最杰出的代表，其中不少校勘成果为后来《孙子》注释书所采纳。陆达节对《孙子》文献学研究做出非常重要的贡献。他对中国古代兵书非常熟悉，曾经著述《历代兵书目录》和《中国兵学现存书目》，又以一人之力，历时三载便编成《孙子考》，奠定了他在《孙子》文献学研究领域的地位。

二、再掀热潮

中华人民共和国成立初期，《孙子》研究的重要人物当数郭化若和杨炳安。郭化若的主要成绩是在“译注”方面，而杨炳安则是在“校勘”一途。

郭化若在抗战期间就开始研究《孙子》，曾著述《孙子兵法之初步研究》和《白话译解孙子兵法》，全面总结《孙子》研究现状，检讨孙子兵学思想的得失等，在解放区具有很大影响。1957 年 1 月，人民出版社出版郭化若的《今译新编孙子兵法》。这是中华人民共和国成立之后第一部《孙子》注译作品。中华书局上海编辑所影印出版宋本《十一家注孙子》时（1961 年 8 月版），郭化若继续担任翻译工作。他的译文简朴流畅，集中展现了作者多年研习《孙子》的心得，受到普遍重视。

杨炳安的《孙子集校》（中华书局，1959 年 9 月版）是这一时期有关《孙子》校勘的重要成果。这部薄薄的小册子，今天看来多少有些简陋，但在当时却赢得很多赞扬。一方面是因为同类作品鲜见，另一方面则是因为其中引用异文异说较多，为我们提供了一些版本信息。在那个时代，普通人很难见到稀有版本，该书则在这方面多少提供一些帮助。并且杨炳安撰有《孙子十三篇校笺举例》（《北京大学学报》，1958 年第 1 期），是这个时期为数不多的关于《孙子》校勘的研究论文。

1972 年，山东临沂银雀山出土了汉简本《孙子》。围绕银雀山汉简本的研究随即掀起一阵热潮，产生了一批重要研究论文，纷纷论定孙武和孙膑各有兵法传世，十三篇本来就是孙武亲著，《孙子吴起列传》的相关记载可信。

改革开放之后，《孙子》重新成为热点，流传更加广泛，研究更为深入，取得了非常多的研究成果，在作者及成书时代研究、著录和流传情况及主要传本研究，以及《孙子》文本的校勘和注释等方面，都取得了非常多的研究成果。

军事科学院的《孙子兵法新注》、郭化若的《孙子译注》、吴如嵩的《孙子兵法新论》和《孙子兵法新说》、陶汉章的《孙子兵法概论》、李零的《孙子十三篇综合研究》、吴九龙的《孙子校释》、黄朴民的《孙子兵法解读》、刘庆的《孙子兵法讲解》等，大多注释精妙，持论严谨，既注意吸收前人成果，又能道出己见，对《孙子兵法》的进一步传播起到了重要作用。吴九龙主持编写，吴如嵩、穆志超、黄朴民参与编写的《孙子校释》，总结历代《孙子》校勘成绩，并注意吸收古代重要典籍所提供的信息，参考银雀山汉简本，对《孙子》进行了多方校理，一直深受好评。与此同时，对孙武其人其书和生平的研究也不断加深，出版了多种传记，黄朴民《孙子评传》、杨善群《孙子评传》是其中代表。此外，齐思和、蓝永蔚等学者对于孙子其人其书的考证和研讨，关锋、冯友兰等人对孙子军事哲学思想的探讨，都将《孙子》研究推向深入。于汝波先后主编出版《孙子学文献提要》（军事科学出版社，1994 年版）和《孙子兵法研究史》（军事科学出版社，2001 年版），对包括现当代文献在内的《孙子》文献进行了集中的梳理和研究，都是有关《孙子》文献学研究的重要著作。

在海峡对岸，魏汝霖、钮先钟等人的《孙子》研究也非常精湛。魏汝霖的《孙子兵法大全》、钮先钟的《孙子三论》，对孙子兵学思想提出了不少新见解，值得关注。其中，钮先钟的《孙子三论》，在大陆地区也有出版发行，一直受到广泛欢迎。

第四章　兵家圭臬

——《孙子》在战争中的借鉴和运用

《孙子》因为其不朽的思想价值而受到历史上众多军事家的广泛赞誉。诸如曹操、戚继光等人，都对《孙子》给予高度评价。曹操在注解《孙子》的序言中说："吾观兵书战策多矣，孙武所著深矣！"明代戚继光在《纪效新书·自序》中也称赞孙武之法"纲领精微莫加"。《孙子》诞生之后，从战略筹划、战争指导以及治军方略等多个方面，对历代军事家们产生了深刻的影响，被军事家们奉为圭臬，给予了充分的重视。他们对《孙子》兵学原理的借鉴和运用，成为中国古代战争史上一道独特的风景线。

第一节　秦汉时期

一、置之死地而后生：韩信巧用"背水阵"

在《九地篇》中，孙子将作战的地理条件分为"散地""轻地""争地"等九种。死地，是九种之一。何为死地？孙子说："疾战则存，不疾战则亡者，为死地。"也就是说，疾速奋战就可以存活，不疾速奋战就可能覆灭的，叫作死地。战争中，如果把士卒投入亡地，他们就会拼命求活；让士卒陷入死地，他们反而会起死回生。所以，指挥员有时候可以利用这种死地，将军队陷于危亡的境地，士卒就能在这种极为不利的情况下，奋起作战，从而夺取战争主动权，反败为胜。孙子充分掌握了军队在不同环境下的心理变化，堪称军事心理学的大师，因此才会设计出“死地求生”的战法。

秦朝末年，韩信指挥的“背水阵”之战，正是充分学习和借鉴了孙子相关“死地”的作战理论，充分挖掘士兵的作战潜能，从而成功击败敌军，成为古代战争史上以少胜多、以弱胜强的经典战例。

公元前 205 年，韩信率军击破代国，奉刘邦之命率领刚刚招募来的数万士兵，翻越巍巍太行山，浩浩荡荡向东挺进，前去攻打赵国。

赵王歇和赵军主帅陈余很快便得到了韩信率军东进的消息，于是集中几乎全部军力，号称 20 万，把守井陉口，提前构筑土、石堡垒等各种防御工事，试图据险固守，以逸待劳，击溃韩信军队。刚愎自用的陈余，自恃兵多将广，拒绝采纳李左车等人的正确建议，判断韩信兵少且疲，企图趁着韩信立足未稳，用速战速决战法，一举击败韩信。

韩信远道而来，却也信心十足。他知道赵军主帅陈余的轻敌和希望速战速决的心理是可以利用的机会，便根据己方兵力较少、军心不稳以及深入死地等情况，充分利用孙子“投之亡地然后存，置之死地而后生”的作战原则，制定了“陷众于害”、背水列阵的作战方针。

韩信通过间谍活动得知李左车的计策并没被采纳，于是大胆地引兵前行，并在距离井陉口三十里的地方驻扎下来。当天夜里，他又令部队继续往前进发，进一步靠近敌军。与此同时，韩信挑选 2000 名骑兵，让他们每人手持一面汉军的红色旗帜，从山坡上的小路迂回到赵军大营侧后的抱犊山隐藏起来。韩信命令他们一旦发现赵军离开大营追击汉军，就立即乘虚而入，抢占其大营，树起汉军的旗帜，并切断敌军归路。接着，韩信又派出一万名士兵到绵蔓水东岸，背靠河水摆出阵势，以迷惑和引诱赵军。赵军望见汉军背水列阵，将部队置于无路可退的绝境，都耻笑韩信不懂兵法常识，对汉军更加轻视。

次日清晨，韩信让汉军将士饱餐一顿，然后亲自率五万主力，向井陉口进发，诱敌作战。赵军眼见汉军军容不整，为了争立战功，开始陆续离营出战。双方军队稍经战斗，韩信便引兵败退，并有意抛弃鼓角旗帜，向后撤退，与事先背水列阵的汉军会合。赵王歇和陈余以为汉军真的打了败仗，认为这是消灭汉军、活捉韩信和张耳的大好时机，于是立即挥军追击。汉军士兵见前有大敌，后无退路，只好拼死抵抗，并且越战越勇。赵军主帅陈余见久战不胜，只得下令回营，以固守井陉口，与汉军周旋。但这时，夜间已潜伏于赵军大营侧后的汉军骑兵迅速抢占了赵军大营，按照韩信事先的吩咐在敌营中拔下赵军旗帜，遍布汉军红旗。陈余指挥赵军撤退之际，猛然发现自己的大营里红旗招展，不禁大惊失色，军中士卒更是惊恐逃散。这时，占据赵军大营的汉军趁势杀出，与韩信率领的主力部队前后夹击，全歼赵军，并杀死陈余，俘虏了赵王歇。

韩信采用背水之战，一举覆灭赵军，自此切断了西楚霸王项羽的右臂，所以此战堪称决定楚汉相争历史命运的关键战役之一，也集中展示了“战神”韩信卓越的军事指挥才能。韩信之所以能够以少胜多，除了战术运用的高明卓绝，包括正确变换攻守、灵活部署兵力、合理设置阵形、机变实施奇正之外，更是因为他深谙军事心理学，巧妙借鉴孙子关于“死地”的战法，充分发掘军队士气，最大程度调动军队战斗力的结果。

二、将为国辅：刘邦的御将之术

孙子说“将者，国之辅也”（《谋攻篇》），充分说明了将帅的重要作用。孙武不仅重视将帅，也对将帅的选拔标准进行了规定，把选取将帅的标准归纳为“智”“信”“仁”“勇”“严”五个字，即多谋善断，赏罚有信，爱护士卒，勇敢坚定，明审法令。

平民出身的政治家刘邦，深谙孙子的御将用人之道，很好地把握了孙子有关用将的标准，在不拘一格、人尽其才的同时，也充分展示出其驾驭将帅的能力。刘邦以弱小的力量，在楚汉战争中最终战胜强大的楚军，可见御将用人之道也是一个非常关键的因素。

在消灭项羽、平定天下、论功行赏之际，刘邦认为萧何的功劳最显赫，封赏最多，功臣们都非常不服气，说：我们身披战甲，手执兵器，亲身参加战斗，身经百战，萧何没有这样的汗马功劳，只是舞文弄墨，发发议论，封赏倒反在我们之上，这是为什么呢？刘邦对这些非议嗤之以鼻。他以打猎为例，将那些发牢骚的将军比作追咬野兽的猎狗，而萧何则是那个发现野兽踪迹、指出野兽所在地方的猎人。这样一来，群臣都不敢再有什么不满。其实，刘邦的这番话体现的正是他高明的御将之术，高明的用人之道：那就是量力而用，从而将各种人才都放在相对合理的位置之上。

在手下将领选用标准的认识上，刘邦也高出项羽一大截。刘邦对“智”“信”“仁”“勇”“严”的选将标准能够灵活掌握，不会拘泥于某个细节。在项羽手下不被重用的韩信、陈平等人，都在刘邦手下先后得到重用。项羽习惯使用的一些义利观、道德观，被刘邦完全抛掷一边，刘邦所看重的就是能力，尤其是在合适岗位上的能力，力求做到人尽其才。有人称其为实用主义者，但这种实用主义的背后是带着宽容的深邃和远见。

他大胆抛却这些道德是非之争，发现和挖掘韩信、陈平等人的过人之处，并能很好地加以利用。而这正是刘邦御将用人的高明之处。孟尝君曾以善用鸡鸣狗盗之徒多次成功自救，而刘邦手下的这些商贩、屠夫、车夫，乃至亡命之徒，显然超过了那些鸡鸣狗盗之徒。他们或运筹帷幄，或拼杀疆场，均能建立赫赫战功。他们高举实用主义旗帜，抓住稍纵即逝的制胜机会，最终战胜强敌。正是有了高明的御将之术，有了这么多实用的谋臣，汉王才能最终挫败楚王，进而赚得天下。

孙子在《用间篇》强调了用间必须要微妙，既要做到“事莫密于间”，又要做到“赏莫厚于间”。刘邦重用陈平，巧妙行使反间计除掉范增，就充分体现了孙子的这一原则。

陈平在遇到刘邦之前，曾经有过明珠暗投和怀才不遇的经历，这使得他在遇到刘邦之后倍感珍惜，遂尽心尽力地进行辅佐。而刘邦则是用人不疑，即便在周围人竞相诋毁和责难陈平之时，仍能对陈平委以高度信任。这便是刘邦的过人之处，也是陈平获得机会施展才能的重要基础。就离间项羽与范增的这次间谍行动来说，刘邦将四万金交付陈平之后，便任由其自由使用，而不问金钱的去处，对陈平赋予了极大的信任。刘邦听说陈平公款私用，不仅没有追究，反而对陈平特别加以厚赏，还不停提拔官职。孙子的微妙间术，信任是关键，甚至能直接决定行间的成功与否。如果刘邦不能知人，或者知而不能用，用而不能信，那么陈平在汉营一定无法受到重用，他的那些行间计策即便再高明，也只能胎死腹中，满腹经纶都只能是桃花流水。

三、君命有所不受：周亚夫细柳治军

在《谋攻篇》中，孙子在讨论“君将关系”时，提出主张：“将能而

君不御者胜。”在《九变篇》中，孙子又一次讨论了君将关系，指出：“将在军，君命有所不受。”孙子此论，完全是据于春秋许多战争实践，希望国君对军队的事情尽量少加干预，有其特定的历史背景，也有其相对的合理性。孙子的相关讨论，在皇权高度发达的古代社会极富震撼力，也因为其中含有相对合理的内核，所以受到古今中外不少军事家的追捧。

西汉名将周亚夫细柳治军是个著名的严格治军的故事，充分体现了孙子“将在军，君命有所不受”的原则。

汉文帝六年（前174），匈奴进犯，文帝急忙调遣将士组织防御。当时，文帝派出三路大军在长安附近布置防御：除了在霸上和棘门驻扎两路兵马之外，河内太守周亚夫奉命守卫细柳。

为了鼓舞士气，文帝亲自赶到军营犒劳慰问将士。他先到霸上，再到棘门，这两处都不用通报便顺利进入军营。营门警卫见到皇帝的车马来了，都立刻主动放行。两地的主将都是直到文帝到了才知道消息，迎接时都显得慌慌张张，等文帝走时，也是亲率全军送到营寨门口。

等到了周亚夫守卫的营寨，汉文帝所遇到的情况和前面两处截然不同。

在细柳军营，将士都身披铠甲，手持兵器，军容威武。天子的先头护卫到了营门，负责守卫的士兵不让卫队前行。护卫只好说：“皇上快到了。”守门士卒说：“我们将军有令，在军中只听将军号令，不听天子诏书。”过了一会儿，汉文帝果真到了，但仍然不得入内。见此情形，汉文帝只得派出使者，带着手谕去见周亚夫，周亚夫看到了皇帝的手谕，这才传令打开营门。守卫提请车驾缓慢行走，不得在军中快马疾走。汉文帝得知情况后，也吩咐车夫缓慢行走。到了军营内，将军周亚夫带着刀剑向文帝行揖礼，说：“披上铠甲不下拜了，以军礼致意。”此情此景令汉文帝很受感动，他当即决定改变原定的仪式，直起身子用手扶在车木上，表示对周亚夫的敬意，在完成仪礼之后，很快便离开了。

汉文帝在细柳犒劳军队的前后经过，令朝廷上下都吃惊不小，但文帝却感慨说道："唉！周亚夫才是真正的将军啊！之前到霸上、棘门劳军，简直像儿戏，这些将军可以被袭击俘虏的，至于周亚夫将军，岂可被袭击？"汉文帝因此知道周亚夫善于治军，而且军队纪律严明，不可轻易战胜。

周亚夫的手下，打着"君命有所不受"的旗号，拒绝汉文帝进入军营，汉文帝不仅不以为忤，反而是满心喜欢，一再褒扬周亚夫是顶天立地的"真将军"，这既是周亚夫之幸，也是汉王朝之幸。可以说，汉文帝遇到了一位知兵之将，周亚夫则是遇到了一代明君。

四、五事七计，实力为本：汉武帝反击匈奴之战

孙子将"五事七计"作为决定战争胜负的关键因素，这其实是孙子全面辩证看待战争、不单单以谋略定胜负，而是高度重视"以力胜人"的明证。孙子认为，作战之前，一定要做好"庙算"工作，打有准备之仗，尤其强调作战之前要充分做好后勤工作，备足粮草。所以，这种重视"庙算"的行为，其实就是重视实力的具体体现。孙子同时说，"军无辎重则亡，无粮食则亡，无委积则亡"，强调经济建设和后勤补给。《形篇》的"胜兵若以镒称铢，败兵若以铢称镒"，其实也是论证了实力是制胜之源的思想，包括"地生度，度生量，量生数，数生称，称生胜"的"称胜理论"，显然也是从营建实力的角度提出。

汉武帝北逐匈奴就是实力的充分展示，不仅生动体现了孙子"称胜理论"的高明，也是孙子"以实力为本"这一用兵原则的生动注解。

当时匈奴占地面积很大，但人口稀少，只相当于汉朝的一个大县。开

始打仗时，汉朝根本打不过它，汉高祖刘邦在平城白登山被匈奴整整围了七天七夜，泱泱天朝大国的面子都给丢尽了。吕后当政，冒顿单于送来书信，极尽奚落侮辱之能事，吕后读了气不打一处来，可想想自己力不如人，也只得硬生生忍了。

文、景二帝先后上台，推行的还是低声下气的和亲政策。说来说去，原因还是军事实力有很大的欠缺。当时，汉朝的军队多以步兵和车兵为主，机动性不强，而匈奴几乎是清一色的骑兵，来无影去无踪，机动性好，战斗力强，所以能横行边地，屡战屡胜。为了改变这种劣势处境，文帝和景帝适时进行战略调整，积蓄实力，把发展骑兵作为兵种建设的首要任务。

汉武帝当上皇帝后，继续把军事实力放在第一位，尤其是有针对性地优先发展骑兵。凭借文、景帝给他留下苑马 45 万匹的雄厚物资力量，在京师军与地方军中扩建骑兵，拔擢善于指挥大集团骑兵作战的优秀将领，加大力度训练骑射技能。经过长期不懈的努力，一支战斗力很强的骑兵终于建立了起来，从而使汉匈战略态势发生了根本性的变化。骑兵一跃成为军队中第一主力兵种。据史料记载，武帝元狩四年（前 119）春的进击漠北之战，仅卫青、霍去病两支部队出塞时，塞上登记的战马即达 14 万匹，而元封元年（前 110），汉武帝巡行北地，“出长城……勒兵十八万骑，旌旗径千余里，威震匈奴”①。可见汉军的骑兵已十分强大，对于汉匈战争的最终结局更是发挥了关键的作用。

在具备了强大的实力之后，汉武帝胜利地发动了前后五次大规模反击匈奴的战役，从根本上遏制住了匈奴贵族对北部中原地区的入侵骚扰，为多民族统一的封建中央集权制大帝国的巩固和发展做出了重要的贡献。

---

① 《史记·匈奴列传》。

五、以火佐攻者明：赤壁之战中的火攻

孙子在《谋攻篇》就充分表达了“追求战争高效益”的意图。“不战而屈人之兵”，其实就是追求高效益，《孙子》十三篇讲究谋略和诡道之法，同样是追求战争的高效益。孙子主张火攻制敌，也是追求高效益的目标使然。

孙子说：“以火佐攻者，明。”故此，他把火攻作为专门的战法，单独以专门篇章进行研究。如果没有进一步的考古文献出现，这就是历史上第一次系统讨论此类战法，是具有划时代意义的。战国时期出现的托名姜太公的兵学著作《六韬》也专门设《火战篇》讨论火攻问题，这应该是受到了孙子的启示。

发生在东汉末年的赤壁之战，既是不拘成法、以弱攻强的经典战例，也是“以火佐攻”的成功典型。

公元200年，曹操在官渡之战中击败袁绍，进而统一了北方中原地区，因此踌躇满志，决心乘胜南下，先攻荆州，再下扬州，完成统一全国的大业。于是他发兵20余万，浩浩荡荡杀向长江，在不到一个月的时间里，迫使新任荆州牧的刘表次子刘琮奉表投降。并击败依附刘表的刘备势力，夺取战略要地江陵，计划乘胜顺流东下，占领整个长江以东地区。东吴统治者孙权与处于流窜之中的刘备势力，面临生死存亡的紧急关头，遂携手合作，使得联军兵力达到五万，沿长江一带实施战略防御，与曹操大军隔江相持。

当时曹军人马虽多，但大多数是不习水性的北方骑兵，不习惯水上的风浪颠簸，加之水土不服，发生疫情，严重削弱了部队的战斗力，于是不得已用铁环把战船首尾连结起来。周瑜部将黄盖针对敌强我弱，不宜持久，和曹军士气低落、战船连结等实际情况，建议采取火攻，奇袭曹军。周瑜采纳了这一建议，制定了更为详细的“以火佐攻”、因乱而击之的作战方针。

周瑜利用曹操骤胜之后骄傲轻敌的弱点，先让黄盖写信向曹操诈降，并与曹操事先约定了投降的时间。曹操不知是计，欣然接受。到约定的时间，黄盖率蒙冲斗舰多艘，满载干草，灌以油脂，巧加伪装，插上旌旗，乘着东南风起，急速向曹军大营驶去。曹军以为是黄盖如约来降，皆“延颈观望”，毫无戒备。黄盖在距离曹营二里许，下令各船同时放火。一时间“火烈风猛，船往如箭”，直向曹军大营冲去。曹军战船首尾相连，分散不开，移动不便，顷刻之间烧成一片火海。很快，火势进一步向陆地蔓延，一直烧到了岸上的陆军营寨。曹军上下被这突如其来的大火烧得惊慌失措，溃不成军，烧死、溺死者不计其数。在长江南岸的孙刘联军主力舰队见火攻奇袭得手，乘机擂鼓前进，横渡长江，穷追猛打，扩大战果，大破曹军。曹操被迫率军由陆路经华容道向江陵方向撤退，行至云梦时曾一度迷失道路，又遇风雨，道路泥泞，以草垫路，方使骑兵得以通过。一路上，人马自相践踏，死伤累累。孙、刘联军乘势进逼，水陆并进，一直追到南郡（今湖北江陵境内）。曹操留曹仁、徐晃驻守江陵，乐进驻守襄阳，自率残余部队狼狈逃回北方。赤壁之战最终以孙权、刘备方面大获全胜而宣告结束。

在赤壁之战中，孙刘联军表现出灵活的战略战术：第一，在敌强我弱，分则俱亡、合则势强的形势下，精诚合作，结成政治和军事同盟，形成一股可以与曹军相抗衡的力量；第二，对敌我双方的军事实力与优劣长短进行认真的分析，在“知彼知己”的基础上，针对曹操骄傲轻敌、舍长用短的特点，利用地理、天时方面的有利条件，欺敌诈降，并果断采取“以火佐攻”的作战方针，乘敌之隙，予敌以出其不意的猛烈打击；第三，在具体实施火攻的过程中，能认真贯彻《孙子》有关“火攻”作战的基本原则，充分做好了实施火攻的准备，并将火攻与步兵、骑兵的攻击巧妙地结合起来。在实施火攻袭击获得成功之后，孙刘联军不失时机地率领主力舰队横渡长江，乘敌混乱不堪之际奋勇攻击曹军，奠定胜局，并坚持实施战略追击，扩大战果。当然，这一系列战略战术的核心是火攻战法。也就是说，孙子的火攻战法，是帮助孙、刘联军取胜的关键。

第二节 魏晋南北朝时期

一、计必先定，庙算为本：魏灭蜀之战

战略就是谋大局，定大略。如果想在战争中获胜，战前的战略谋划非常重要。孙子非常重视对战争全局的先期谋划，从战略高度对战争问题做通盘考虑。所以，《孙子》以《计篇》作为第一篇，贯穿十三篇的其实是“先计而后战”的逻辑。孙子以“五事七计”为核心的“庙算”理论，就是进行战略谋划，决定战或不战，以及如何战，从哪里发起战争等。所以，相关理论对于战争实践有着重要的指导作用。

魏灭蜀之战是强者消灭弱者的一场战争。魏之所以能够成功灭蜀，固然是由于经济和军事实力等明显优于蜀国，但在战争发起过程中，魏国遵循孙子的“庙算”理论，实施了有效的战略谋划和战争指导，这些对战争结局起到了决定性的影响。

三国后期，魏、蜀、吴鼎立之势因三方力量的消长变化而渐趋崩溃和消解。其中，据有中原的魏国，历经曹氏父子的创业守成和司马氏父子的竭力经营，政治稳定，经济发展，军事力量十分强大。相比之下，蜀国在彝陵之战中大伤元气，后主刘禅继位后，懦弱无能，虽有诸葛亮竭力辅佐，

也仅能自保。等到诸葛亮死后，蜀国更是后继乏人，刘禅昏庸无道，贪图享乐，宦官黄皓又取宠弄权，结党营私，致使朝政日非。

景元二年（261），魏国执政的大将军司马昭认真分析了当时的战略形势，不仅仅是分析彼方、己方，也分析天候地理情况等，完全贯彻了孙子“彼”“己”以及“天”“地”的敌情分析法。经过仔细的分析和对比，司马昭认为蜀国业已“师老民疲”，如果派兵讨伐，就会易如反掌。他决定先灭蜀国，然后顺江东下，水陆并进，消灭吴国，重新统一全国。决策已定，魏国任命钟会为镇西将军，坐镇关中，秘密从事伐蜀的战争准备，但魏国表面上却大造舆论，说要先灭南方的吴国，以此迷惑蜀国。

景元四年（263）夏，魏国征调精兵强将，部署 18 万大军，分三路突然向蜀国发起进攻。蜀军将领姜维利用山川险阻，暂时挡住了魏军的前进道路。这时候，魏国将军邓艾建议，从阴平绕过剑阁，翻越摩天岭，穿行于汦山的崇山峻岭之中，借助樵猎小道，发起偷袭。如果魏军出阴平，姜维必从剑阁回救，如此则剑阁势孤易破，魏军可以顺利地从剑阁突入成都平原；如果姜维胆敢不返回救援，那么魏军在攻破涪陵之后，也可以先切断姜维后路，再剑指成都。

魏军采用了邓艾的建议。在克服了许多难以想象的困难之后，魏军终于通过阴平险道，神兵天降，到达江邮。蜀军江邮太守马邈见到魏军来袭，大惊失色，不战而降。魏军为解决后勤补给问题，采用孙子“因粮于敌”之法，得到了充分的补给之后，乘胜进攻涪城。此后，邓艾抓住战机，攻占绵竹。蜀军主力这时几乎全在剑阁，成都兵少，实际毫无防守可言。魏军突然杀到成都，后主刘禅及一班大臣慌作一团，只得投降。

魏军取得灭蜀战争的胜利，战前遵从孙子“庙算”理论，对战争进行了周密筹划，实际战争中，也能“因敌制胜”，及时变换进攻路线，改变战术。孙子战略筹划的相关理论，以及丰富多变的战术思想，在魏军这场完胜中体现得淋漓尽致。

二、先胜而后战：晋灭吴之战

战争是多种因素的综合较量，所以孙子强调，在战争发起之前要做好充分准备，力求“先胜而后战”。在《形篇》中，孙子指出：“昔之善战者，先为不可胜，以待敌之可胜。”孙子认为，所谓“善战”之人，都是先将己方“立于不败之地”，所以胜兵历来都是“先胜而后战”。

西晋灭吴的统一之战，就是典型的“先胜而后战”。在战争中，西晋采用了“水陆并进，多路齐出，分兵合击”的作战方针，既是“审奇正之变”“识众寡之用”而大获成功的一个范例，更是西晋统治集团本着“先胜”原则，力求“全胜”战略思想的结果。

在羊祜、杜预等贤臣的辅佐下，司马炎经过近 20 年的苦心经营，使得晋国的国力得到极大加强，晋、吴之间的力量对比发生了根本性变化。在经济上，晋国减免赋役，劝课农桑，兴修水利，发展生产，使得经济实力有了稳步增强；在军事上，司马炎选拔将帅，建设水军，练兵习武，广屯军粮，使得军事力量有了显著扩增；在政治上，西晋统治者也注意废除苛法，争取民心，分化敌手，稳定内部，从而赢得了较大的主动。经过长期的努力和经营，西晋已在战略上形成了对江东孙吴政权的全面优势。

西晋咸宁五年 (279) 十一月，晋武帝多路进攻，水陆齐发，构筑了长达数千里的战场，大举伐吴。具体部署是：镇东大将军、琅邪王司马伷率军自下邳（今江苏睢宁西北）直趋涂中（今安徽滁河流域）；安东将军、都督扬州诸军事王浑自寿春（今安徽寿县）向江西（长江下游北岸）方向进军；

建威将军、豫州刺史王戎自安城（今河南汝南东部）向武昌（今湖北鄂州）方向进军；平南将军胡奋自新野（今属河南）向夏口（今湖北武汉）进军；镇南大将军杜预自驻地襄阳直趋江陵（今属湖北荆沙）；龙骧将军、益州刺史王濬与巴东监军唐彬率水师自巴蜀浮江东下，直趋建业（今江苏南京）。六路大军，水陆之师共计 20 万之众。

综观晋军的进攻部署，完全是羊祜于咸宁二年（276）所提出的战略设想的具体实施。多路出击、水陆齐发，使得吴军首尾不能相顾。在西晋大军的猛烈进攻之下，东吴政权的防御体系迅速趋于崩溃，吴军一败涂地。西晋太康元年(280)三月十五日，王濬统率“戎卒八万，方舟百里”[①]，一举攻入建业。孙皓只得亲至王濬军门投降，吴国至此灭亡。一场规模空前的水陆联合作战，至此画上一个圆满的句号。

晋灭吴之战是一场强者消灭弱者的战争。晋军在各方面具有优势，但为了确保“全胜”，仍然经过了长期准备和精心策划，对战争过程进行了严密部署，从方方面面创造“先胜”的条件，并最终真正做到了孙子所说的“先胜而后求战”，所以才能在战争发起之后迅速取得胜利。弱小的吴国面对强敌，轻敌大意，缺乏有效的防备措施，结果只能一败涂地，束手就擒。

三、致人而不致于人：淝水之战

就战争筹划，孙子曾在《虚实篇》提出了一个著名主张，“致人而不致于人”。孙子认为善于指挥作战的人，能够调动敌人而不被敌人所调动。所谓“致人而不致于人”，其实就是夺取战争主动权，充分调动敌人，而不被敌人调动。至于如何才能达成“致人”，战略筹划的正确与否也至关

① 《资治通鉴》卷八十一。

重要。比如孙子就说过:“凡先处战地而待敌者佚,后处战地而趋战者劳。”他认为,凡是能抢先到达会战地点,静等敌人前来作战的,就会因为安逸而取得主动;与此相反,后期到达会战地点的,则只能仓促应战,就会因为兵马劳顿而立刻处于被动局面。

公元383年,著名的淝水之战爆发。这场战争是前秦和东晋之间的生死之战。前秦皇帝苻坚在顺利统一北方之后,一直志得意满,断然拒绝了苻融等人的合理建议,完全忘却了王猛的临终遗言,贸然率领百万大军攻打东晋,没想到在淝水一带遭到晋军的顽强阻击。由于战略战术等多方失误,苻坚百万雄师被东晋数万精兵击败,统一中国的梦想就此破灭,甚至前秦政权也由此走向灭亡。

在战争发起之后,谢石、谢玄果断进兵,努力夺占战争主动权。晋军水陆并进,士气高昂,直逼淝水东岸。晋军本想与秦军马上接战,但秦军依靠淝水扎营,使得晋军无法渡河。为了打破僵局,谢玄派出使者前往苻融大营进行游说,希望秦军稍作后退,能让晋军有机会渡过淝水,再进行生死决战。面对这些游说之词,苻坚最终上当。他迅速下令让大军部分后撤。战争主动权就此易手。

秦军阵营前后相距甚远,战线拉得过长,苻坚下令后撤之时,秦军将士并不明白后撤的真正意图。当前军撤退时,后方将士误以为是前方部队打了败仗,立即便乱了阵脚。晋军的先头部队则乘机冲到对岸,趁着秦军阵脚大乱之际,即刻对秦军发动猛烈的进攻。眼看时机成熟,潜伏在秦军阵中的朱序大声叫道:“秦军败矣!”那些慌乱撤退的秦军不知真假,以为秦军的前方部队果真战败,于是显得更加忙乱,人马自相践踏,死伤无数。已经逃出战场的秦军士兵,仍然处在惊慌失措之中,听到风声鹤唳,都以为是晋军杀到，根本不敢止住逃跑的步伐。其间，苻融曾试图阻止大军溃败，没想到也被乱兵冲倒，最后被晋兵所杀，苻坚也被乱箭射伤。谢玄则指挥大军乘胜追击，一举收复寿阳。就这样，淝水之战以晋军的大获全胜而告终。

淝水之战秦军失败的原因是多方面的。苻坚过于主观和武断，轻易开战，水军薄弱，战线过长等等，都是其惨败的重要原因，但最为根本的原因是苻坚轻易上当，下令部队后撤，致使战场主动权丢失。反观东晋方面，则上下一心，沉着应战。谢玄等将领，在面对危局时，始终应变自如，牢牢地把握着战争的主动权。他们通过游说和佯动等积极有效的行动，充分地调动了敌军的大队人马，就此改变了战场态势，而且趁着混乱夺取了稍纵即逝的战机，彻底扭转了不利局面，打败了强大的侵略者。

四、上智为间：韦孝宽的行间术

孙子说："明君贤将，能以上智为间者，必成大功。"孙子相信间谍能给战争获胜提供保证，通过巧妙用间，必定能成大功，所以孙子用了专门篇章讨论用间之术。在孙子看来，战争行为是"日费千金"的巨大消耗，而用间则是花小钱办大事，是以最小的代价换取最大的利益。而且，在孙子看来，战争必然要用间，用间则必用死间，这其实是一种非常客观和非常务实的精神体现。

韦孝宽堪称一代杰出的军事家，也以善于用间闻名。他所设计的几起间谍活动，几乎都是间谍史上的经典案例。

公元 538 年，东魏和西魏因为边境争端爆发战争，一时间烽烟四起，战祸连连。当时担任南兖州刺史的韦孝宽受命奔赴边境，参加边境作战。此前，东魏大将段琛、尧杰已经占据宜阳（今河南西部、洛河中游地区），并且派扬州刺史牛道恒在西魏边境进行煽动策反活动。这一招果然非常奏效，立即引发当地一些百姓闹事，直至边境骚乱。这让西魏文帝和韦孝宽都大伤脑筋。韦孝宽一直苦思对策，但又一直找不到任何头绪。

这一天，韦孝宽此前秘密派往东魏的间谍，忽然送来了他们费尽周折所搜集到的牛道恒亲笔书写的公文。看到这些公文，韦孝宽灵机一动，想起用伪造书信实施离间的办法。

韦教宽连忙吩咐手下找军营里最擅长模仿别人字迹之人，命他立即模仿牛道恒的笔迹写一封假信。书信的大意是说，牛道恒心甘情愿马上归降韦孝宽。就在这封信刚刚写完，墨迹未干之际，韦孝宽突然取过信来，放在火上烧了一下，信纸的一角立即烧焦了。这让模仿笔迹写信的先生感到大惑不解。韦孝宽却笑了："这么做，是为了让书信更有真实感。段琛会怀疑牛道恒写完信后害怕走漏风声，曾经想把书信烧毁。这样子他才会相信书信的内容。"

书信写好之后，韦孝宽再让间谍把这封残信送到段琛军营，然后故意丢失在段琛大营一个不起眼的角落里。士兵偶然间发现这封书信，连忙呈送段琛。昏黄的灯光下，段琛展读信件，不禁双眉紧锁，大吃一惊："没想到这牛道恒竟敢变节投敌！"他连忙找来牛道恒的笔迹进行对照，发现果然是牛道恒的笔迹，便对书信内容不再产生丝毫怀疑，也对牛道恒完全失去了信任。此后，牛道恒所提出的一切作战建议，不管合理不合理，段琛都以冷笑置之，一概不予理睬。起初，这让牛道恒非常纳闷。时间一久，牛道恒不免对段琛心生怨恨，双方的裂痕开始变得越来越深。

东魏两位戍边将军闹出矛盾，正是韦孝宽设计离间计所希望达到的效果。韦孝宽抓住时机，采取各个击破的办法，分别袭击段琛和牛道恒大营。面对韦孝宽的进攻，各自心怀异志的东魏将军互不援救，结果都先后被韦孝宽击败，段琛、牛道恒也都被活捉，韦孝宽所防守的边境终于获得安定。

公元 557 年，宇文觉取代西魏称帝，是为孝闵帝，定国号为周，史称北周，韦孝宽官拜小司徒，又被任命为勋州刺史，镇守玉璧。

北周的劲敌是北齐，两国之间多年交战，结下深仇大恨。在和北齐多年对峙期间，韦孝宽多次使用间谍战获得奇功。他趁着和北齐关系改善之机，秘密遣送间谍潜伏进去，多方打探北齐情况。由于韦孝宽善于抚慰部下，深得人心，很好地体现了孙子“非仁义不能使间”的用间原则。所以，他派出的间谍都心甘情愿为其效命。与此同时，他也通过收买的方式，拉拢了不少齐人作为内间，所以，北齐的一举一动都为韦孝宽所掌握。

由于北周和北齐两国接壤且互为仇敌，所以便互相向对方派遣间谍，以致“敌中有我，我中有敌”成为常态。当时，韦孝宽手下有一位名叫许盆的将领，非常骁勇善战，一直被韦孝宽视为心腹，却不幸被北齐间谍所收买。这一天，许盆奉韦孝宽之命前去镇守一座城池，没想到他在领命之后却迅速投降北齐。韦孝宽深知许盆此后必将成为北周的心腹大患，如果不能为己所用，就必须及早除掉。韦孝宽委派手下一名得力的间谍悄悄地潜伏到许盆身边，寻找机会刺杀许盆。不久之后，这名间谍便成功斩获许盆的首级回到大营。

韦孝宽经历战阵无数，经常获胜，但在与北齐名将斛律光的交战中，不幸落于下风。公元 571 年，他在汾北被斛律光所挫败，再次想到了使用间谍活动挽救局面。

韦孝宽反复琢磨，终于编造出一首歌谣：“百升飞上天，明月照长安……高山不推自溃，槲树不扶自竖。”这里的升，原指旧时容量单位，十升等于一斗，十斗即一百升，等于一斛。歌谣中的百升，即影射斛律光的斛字。北齐王姓高，歌谣中的“高山”，即影射北齐王；“槲树”影射斛律光。这两句歌谣的意思是说，斛律光将要当皇帝，北齐王就要垮台了。

歌谣编好之后，韦孝宽命令间谍们把写有这些歌谣的传单，散发到北齐的京城邺（今河北临漳）。北齐王听信了谗言，也相信了斛律光谋反的歌谣，于是匆忙和祖珽商量计策，不久果真除掉了斛律光。

韦孝宽使用伪造信件的方法行使反间计，堪称巧妙，借用祖珽之手杀掉斛律光，手段也非常独特。韦孝宽的间谍活动，在造就间谍史上经典案例的同时，也生动诠释了孙子“能以上智为间者，必成大功”的主张。

第三节　唐宋时期

一、示形动敌：虎牢关之战

孙子认为，高明的指挥员一定要努力掌握敌情，并善于通过“示形动敌”达成“以实击虚”。在孙子看来，所谓虚实，其实是可以通过“示形”来实现转换。“示形”和“藏形”，即充分掌握敌情和巧妙隐匿己情，这二者其实可以巧妙地结合在一起，共同目标是夺取战场主动权。

唐太宗李世民少年从军，勇敢多谋，并且善于学习和运用《孙子》。在统一战争中，李世民经常身先士卒，冲锋在前，亲自与强敌作战。在战斗中，他非常注重战前侦察，甚至亲自担任侦察员，尽可能做到“知彼知己”。李世民卓越的军事才能对唐王朝的建立和发展，起到了非常重要的作用。

公元 620 年，李世民率领大军讨伐王世充。为了掌握敌情，在战争开始之前，李世民亲自率领轻骑前往敌阵进行侦察，没想到忽然被敌军发现。

在万分危急的情况之下，李世民显示出英雄本色。他临危不乱，勇敢地指挥手下为数不多的士兵与敌军作战，最终成功地突破了敌军包围。当李世民浑身泥土回到军营时，连看守营门的士兵都无法辨认。在充分侦察好敌情之后，李世民果断指挥大军对王世充实施包围。双方一度呈现胶着状态，甚至李世民的坐骑也被射杀，但李世民还是指挥唐军赢得了最终的胜利，王世充只得节节败退，困守洛阳，等待窦建德的援兵。

窦建德收到王世充的求援信，匆匆率军前往救援。李世民立刻分兵阻击，在虎牢关一带拦住了窦建德援兵的去路。为了搞清楚窦建德援兵的虚实情况，李世民再次亲自出营侦察敌情。由于侦察行动不宜多带兵马，李世民此次行动在遇到敌军先头部队之后再次面临险境。看到身边带着的随从吓得面无血色，李世民命令他们先行撤退，只留下尉迟敬德和自己一起负责断后。等看到追兵接近，他们分别放箭射杀，箭无虚发，令追兵畏惧不前。等敌人大队追兵赶到，李世民且战且退，一直引诱追兵进入己方伏击阵地。窦建德的军队不知是计，努力追赶，没想到忽然之间伏兵四起，很快就被杀得四散而逃，两名将领被活捉。

王世充急于突围，悄悄派出使者联络援兵。其中有一位叫长孙安世的使者被唐军抓到。在经过策反之后，长孙安世投靠了李世民，成为唐军间谍。李世民命令他继续以使者身份，前往窦建德处进行间谍活动。

长孙安世到了窦建德处，便悄悄地拿出很多珍宝，对窦建德手下一些得力将领进行收买。这些将领对窦建德重用凌敬一直心怀不满，所以纷纷地在窦建德面前诋毁他："凌敬只是一个书生，哪里可以和他讨论战争之事？"众口铄金，三人成虎，窦建德就此失去了判断能力，凌敬的合理建议都遭无视。这时候，众将纷纷请命出战，窦建德大受鼓舞："现在我们的军力强盛，士气旺盛，如果出兵与唐军进行决战，一定会取得大捷。”不料凌敬在听了他这番自信满满、铿锵有力的话之后，反倒显得忧心如焚。他极力对其进行劝阻，结果还是被窦建德断然否决。

窦建德执意率领大军向虎牢关进发，意欲发起偷袭。唐军间谍将这一重要情报及时报告给李世民。李世民立即调整兵力部署，部署大军迅速在虎牢关一带集结，准备与敌接战。为了达到示形动敌的目标，李世民下令部署千余马匹在河边放牧，借此诱惑敌军。窦建德果然上当，倾巢出动，抢夺马匹，而且列阵二十余里，声势震天。对此，李世民下令全军以静制动，等待最佳时机再行出击。窦建德大军列阵很久，而且叫战不停，李世民都是避而不战。一直等到中午时分，眼看窦建德军队气势渐衰、兵马疲乏，李世民这才下令发起攻击。战斗中，李世民亲自率队直冲敌阵，窦建德的军队很快就溃不成军，窦建德本人也因伤被俘。

二、兵之情主速：李靖击灭萧铣

孙子一直主张速战速决，反对持久拖延。十三篇中，孙子曾多次强调这一观点，如：“兵之情主速”，“久则钝兵挫锐”，“兵贵速，不贵久”等。孙子指出，战争如果久拖不决，就会给国家带来巨大消耗，也会给社会带来很多不利影响。并且，如果想真正做到趋利避害，“因粮于敌”、多方补给固然重要，但无法解决根本问题。所以，降低战争成本的最佳办法还是速战速决。

李靖攻灭萧铣是“攻其无备，出其不意”的典型战例。在战争发起之前，李靖认真分析了敌我双方的形势，迅速决策，很快做好了战斗准备，大军迅速向江陵进发。在战争进行过程中，李靖采取“攻其无备，出其不意”的战术，大军迅速抵近作战地。萧铣实力虽然强大，但 40 万大军无法短时期内集中在一起，无法形成有效的战斗力，故而只能束手就擒。

武德四年（621），唐高祖下诏李孝恭与李靖率领巴蜀兵顺流而下，庐江王李瑗由襄阳道，黔州刺史田世康出辰州道，合兵攻打萧铣。

在进攻梁王萧铣的过程中，李靖的军事才华得以尽情施展。当时，秋水暴涨，浊浪滔天，众将都认为，此时进兵，必败无疑。但李靖却认为，用兵贵在神速，如果顺水推舟，一日千里，必能出奇制胜。就在第二天，李靖率战船两千余艘，一昼夜便抵达夷陵。萧铣的守城将领果然毫无防备，被一举击溃。接着，李靖率大军顺江而下，直扑江陵。进军途中，李靖下令将所获敌船全部击破，弃于江中，任其顺流而下。众将对此大为疑惑：所获敌船，正可用于充实军力，为何毁弃？李靖笑着解释道：萧铣地广兵众，主力未损。倘若江陵一时攻不下，敌方援军四集，那我们就危险了。现在我将所获舟舰舍弃，使之顺江而下，下游梁军看见了就会怀疑江陵已破，从而迟疑不动，等他们搞清楚真实情况，也要十天半月，这样就争取到了时间，定可攻下江陵，活捉萧铣。

萧铣的援军见到江中漂流梁军船只的残片，果然以为江陵已经失陷，吓得不敢继续前进。而梁王则被困在城中，内无粮草，外无援兵，走投无路之际，只好出城投降。李靖凭此一战，把梁的属地全部纳入大唐版图。

三、士卒孰练：李光弼以弩制敌骑

古代兵家在治军实践中，已经认识到了严格的军事训练是提高军队战斗力的重要途径。孙子更是把“士卒孰练”和“法令孰行”视为影响战争胜负的重要因素，高度强调“教戒为先”，主张一切训练都要以贴近实战为标准。孙子的这些理论，得到历代兵家尊奉，被认为是治军和训练的不二法门。

李光弼以弩制敌骑是另外一个“教戒为先，贴近实战”的典型案例。

所谓弩，其实是一种装有发射机构的改进型的弓，是古代冷兵器作战中一种很有威力的武器。汉魏以来，弩的使用更加普遍化。唐代名将李光弼以强弩击破安禄山叛军劲骑，收复常山，是历史上以弩制骑的一个典型战例。

“安史之乱”爆发后，李光弼在郭子仪的举荐下，出任河东节度使，主持河北战场的平叛军事行动。战争初期的失败，使得李光弼清醒地意识到，以步兵对付骑兵无法取胜。于是他当机立断，改变既往战法，下令500 名弩手在城上对叛军射击，在飞蝗般的弩箭攻射之下，叛军骑兵抵挡不住，稍稍向后退却。

李光弼发现用弩御敌奏效，此后便加紧发展和训练弓弩手，就又下令将 1000 名弓弩手分为四队，轮番使用弩弓射击敌骑。史思明的骑兵就此遭到很大的损失，只好解围后撤。接着，李光弼亲自指挥唐军 5000 人，沿滹沱河布好阵势，而将弩手梯次配备于阵内外。史思明指挥骑兵，向唐军阵地连续发起猛烈的冲击，但都被唐军弩手用箭射退，损兵折将，死伤惨重，不得不暂时停止进攻。

为了扭转战局，史思明派兵切断了唐军的粮草运输线，企图借此困死唐军。李光弼随机应变，派出重兵打通粮道。在保卫运输线的战斗中，他继续发挥弓弩手的作用，以 1000 弩手配合步兵结成方阵而行，而将 500 辆辎重车布于后阵之中，往常山解运粮草，保障部队的给养供应。史思明曾数次派遣骑兵进行袭击骚扰，但都被唐军弩手击退。此后，郭子仪也统率大军抵达常山，与李光弼部会合，史思明见势不妙，只得匆匆逃走。

李光弼兵出井陉，旗开得胜，给安史叛军以沉重打击。他注重弓弩手，以弩箭阻遏敌方劲骑的冲击，起到了关键作用，充分体现了李光弼从战争实际出发，善于发挥兵器的作用，以及正合奇胜的指挥特点。

四、因敌用间：岳飞巧用间谍

孙子重视用间，但更重视反间。在《用间篇》，他指出："反间者，因其敌间而用之。"如果遇到敌人派来间谍，必须仔细搜查，然后用重金等手段，对其进行收买，用优礼款待他们，尽量引诱和开导他们，然后再放他们回去，让他们为己方效力。这样，反间就可以为我所用。战争必用间谍，用间必用反间，孙子的识见超人一等，被后代众多军事家所借鉴和运用。

宋代名将岳飞非常善于用间。他曾用反间计，巧妙地除掉了刘豫伪政权。细析这个案例，其中充分体现了孙子"因敌用间"的思想。

公元1130年，金人为了更好地控制中原局势和陕西地区，在大名府（今河北大名南）扶植成立了一个傀儡政权——大齐，封宋朝的投降官员刘豫做了皇帝。此后，刘豫多次配合金人一起攻打宋军，成为宋军北伐的一个重要障碍。1136年，岳飞在收复襄阳六郡之后，正好派兵进入蔡州，与刘豫的军队形成对峙。

岳飞通过情报得知，其时金国内部各派之间已经开始互相倾轧，支持和扶植刘豫伪政权的粘罕在内讧中忧郁死去，而金兀术、挞懒等人则对刘豫非常厌恶。岳飞知道，要想驱逐金兵，必须首先除掉刘豫伪政权，而此时正是使用反间计除掉刘豫的大好时机。

正在此时，宋军抓到一名金兀术派来的间谍。看到这名间谍，岳飞灵机一动，决定利用这名间谍行反间计，进行离间刘豫的活动。他便故意将金兵错认作是自己派出去的间谍人员，严厉斥责他说："你不是我们军中的张斌吗？前些日子我派你去大齐送信给刘豫，要他设法把金兀术引诱出来。不料你竟然一去不复返，我只好又派人去联系，好不容易才联系上刘豫。现在刘豫已经答应到冬天把金兀术引诱到清河和我共同夹击。你为什么不把信送到，擅自违抗军令呢？"间谍非常害怕岳飞会杀死他，干脆就来了个顺水推舟，以张斌的身份承认了违抗命令之罪。岳飞看到他已经上当，便命令他再去给刘豫送信，与刘豫商讨诛杀兀术之事，然后再制作成蜡丸密信传递。岳飞严厉地对金兵的间谍说："暂时可以饶恕你，但是这一次你一定要守住秘密，把这封信帮我按时送到，否则一定斩首。"

这名金兵间谍自以为既保住了性命，又意外得到一个重要情报，内心喜不自禁。等他逃回金国之后，立即将蜡丸书信献给金兀术。金兀术立即将书信报告给了金熙宗。不久之后，金兀术和挞懒借口刘豫有通敌之罪，率兵抵达开封，就此撤掉刘豫的伪政权。宋朝的一个顽敌就这样被岳飞巧妙地运用反间计除掉。

岳飞离间刘豫的手法，正是巧妙地"因敌用间"。当然，假装醉酒，错认金兵，巧递书信，这些固然都是岳飞灵机一动的产物，实则也与他长期思考宋金关系有着直接的联系。在这个过程中，伪造的书信是关键，但是，送信的人更关键。岳飞利用金兵间谍传递情报，神不知鬼不觉，展示出岳飞的胆大心细和过人胆识，很好地诠释了孙子的反间谋略。

第四节 明清时期

一、形人而我无形：朱棣发动“靖难之役”

在《虚实篇》中，孙子主张通过“形人之术”力图实现“我专而敌分”，由此而达成“以众击寡”和“以实击虚”。按照孙子的意思，一方面是“形人”，通过多种手法来探知敌人的虚实，另一方面则是“我无形”，巧妙地隐藏己方的战略意图，让对手摸不清我方的虚实情况。这两方面加在一起才是完整的“形人之术”，也即“形人而我无形”。

明代，朱棣发起靖难之役，由此成功夺取皇位。在这个过程中，朱棣充分借鉴和运用的是孙子“形人而我无形”的理论。巧妙地隐藏自己的行动计划，待时而发，是朱棣成功夺占皇位的关键。

朱元璋在夺取天下之后，为了实现朱明王朝世代相传的目的，除了大肆屠杀功臣，牢牢把持军政大权之外，还将自己的儿子纷纷封王。其中，朱棣被封为燕王，镇守北疆。最终，皇太孙朱允炆从朱元璋手中继承了皇位。他继位后，深知诸王拥兵自重，对自己构成很大威胁，于是想出削藩计划，对藩王展开逐个清剿。远在北平的朱棣坐卧不宁。道衍建议，与其束手就擒，不如起兵相抗，与建文帝进行一场争夺皇位的大决战。

就在燕王朱棣下定决心与建文帝对决之时，朱允炆也在密谋着一举除掉朱棣的方案。建文帝找来谋士齐泰询问对策。齐泰建议以边防告急的名义调动朱棣大军，争取斩除其羽翼，然后再寻找机会下手。这之后，建文帝任命工部侍郎张昺为北平左布政使，再派出谢贵担任都指挥使，以进一步打探燕王朱棣的动静。与此同时，他安排魏国公徐辉祖利用燕王妃的关系，多方搜集有关朱棣的情报，再秘密地传回应天。显然，在准备武力动手之前，建文帝已经悄悄地在朱棣身边撒下了一张谍网。

针对这种局面，道衍建议朱棣一定要秘密地展开备战和练兵，不能让建文帝派来的间谍发现任何蛛丝马迹。而且，军队所必需的兵器也要秘密地进行赶造。但是，要想做到这些显然不是一件容易的事情。尤其是制造兵器，难免要开设工厂，锤打之声和熔铸之火都非常容易惹人注目，进而被应天的间谍所察觉。那么，道衍是如何解决这些问题的呢？

为了搞好隐蔽，道衍建议朱棣训练部队时只训练骨干力量，至于大量的兵员可以在战时临时招募，这样就不太容易引起注意，从而避开间谍的侦察。至于打造兵器的工厂，则选择建在地下，地面上大批蓄养牲畜鹅鸭，以乱其声。当锻铸兵器声音响起，鹅鸭则由于受到惊动而大声叫嚷，这样一来，铸造兵器的声音就被成功地淹没在这些巨大的声浪之中。

建文元年（1399）七月，朱棣做好了充分准备之后，以“清君侧”为名，在北平举兵，称自己的军队为“靖难之师”。面对朱允炆派来的数十万北伐大军，朱棣沉着迎战，连续取胜，此后与朱允炆的军队形成了旷日持久的拉锯战，而且延续长达三年之久。

朱棣为了获得有关建文帝和朝廷的重要情报，曾派道衍和尚前往京师大量收买拉拢朝廷官员，使得他们作为内应，为自己及时提供有价值的情报。朱棣精心安插的这些内线，有的被抓捕坐牢，有的被斩杀，但他的精力并没有白费。正当朱棣为战局走向忧心忡忡时，一位被黜的宦官提供朱棣一条重要情报：“京师空虚可取。”[①] 朱棣得到这一情报后，立即决定

① 《明史·成祖本纪》。

破釜沉舟，出兵攻打京师。

建文帝三年（1401）十二月，燕王朱棣率领主力远袭京师，仅留少部分军队在其他各处发动佯攻。等到建文帝发现长江对岸驻扎大批军队之时，已经来不及组织救援。六月，朱棣从瓜州渡江，从镇江经龙潭，取道金川门，将应天团团围困。守将谷王穗、李景隆见大势已去，只得打开城门投降，朱棣终于如愿登上皇位。

在朱棣登基过程中，僧人道衍起到了非常关键的作用。由于他出色的情报工作，使得朱棣能够完全掌握应天的动向，并且很好地隐藏了己方的意图，很好地运用了孙子"形人而我无形"的理论，从而在夺取皇位的战争中占据了主动。与之相反的是，建文帝不仅没搞好敌情侦察，反而任由朱棣和道衍在皇室内部布满内应，失败在所难免。

二、令文齐武：戚继光严明治军

孙子在《行军篇》中论述了"令（合）之以文，齐之以武"的治军思想，主张用文的一面来教育士卒，用武的一面来约束和管制士卒，也即"文武并用"。其实质就是，仁恩和惩处相结合，一手是软的办法，一手是硬的办法，两种方法兼施。孙子将"士卒孰练"和"法令孰行"视为影响战争胜负的重要因素，强调"教戒为先"，并认为一切训练都要以贴近实战为标准。孙子的这些主张得到历代兵家尊奉，被认为是治军和训练的不二法门。

戚继光是一代抗倭名将，他的军事思想较多地借鉴了孙子。戚继光治军，尤其注意吸收孙子"令（合）文齐武"的治军之术。戚家军自从嘉靖三十八年(1559)成军后，大小数百战，鲜尝败绩，成为抗击倭寇的重要力量，一直威名远扬，这其中也有孙子的一份功劳。

戚家军的胜利与他们严格的军法不无关系。戚家军纪律严明，闻名天下。在出征之前，戚继光规定，军队中如果有谁胆敢扰民，则一律斩首示众。因为这个原因，戚家军无论在哪里作战都能够获得当地百姓的支持。戚继光规定，如果作战不力，主将在战斗中战死，则所有偏将都要被斩首；如果是偏将战死，则手下所有千总斩首；千总战死，其手下所有百总斩首……如此类推，直到士兵。

在平时治军中，戚继光一贯做到纪律严明，赏罚必信。军队上下，无论是战时还是平时，都能自觉听令守法。“戚家军”的纪律主要有群众纪律、作战纪律、防奸保密纪律、日常生活纪律以及宽待俘虏的纪律等。比如就群众纪律而言，戚继光要求军队必须做到“冻死不拆屋，饿死不掳掠”，买卖公平，老幼无欺，始终要求军队不侵民、不扰民。

除了严格的纪律之外，戚继光要求军队保持“官兵团结”，官兵之间保持感情和睦，这其实就是孙子所说的“上下同欲”。官兵同心杀敌，同甘苦、共患难。这种作风养成，保证了“戚家军”在战场上能始终保持“齐勇若一”的杀敌气势和互相救援、同生共死的良好作风。每当与倭寇对阵时，若有一人被围，则全甲士兵无不奋勇争先，奋力解救；若有一甲被围，必见其余诸甲协力相救；若有一队被围，则必见一哨相救；若有一哨被围，则必见他哨相救。“戚家军”这种“齐勇若一”的战斗作风，与其平时严格而近似残酷的军纪有着密切的联系。

有些军纪似乎过于苛刻，甚至有失人道，但它能促使军队在战斗时保持奋勇争先的气势，从某种角度来看，反倒也符合人道主义。因为这种严酷的规定能够保证士兵得胜，保持军队的生存能力，能保证民众的生命财产安全。戚继光平时的养兵练兵，都是为了实战。只有良好的作风纪律才能出战斗力，孙子“令（合）文齐武”的治军思想，在戚继光这里得到了很好的继承，也得到了生动的证明。

三、避实击虚：萨尔浒之战

孙子在《谋攻篇》中集中讨论了“谋攻之法”，其中“十围五攻”之法，体现了孙子的集中兵力和机动用兵思想。孙子主张，当己方兵力是敌人的十倍时，就可以对敌人实施包围之术歼灭敌人，也可以迫使敌人投降；当己方兵力大约是敌军的五倍时，也可以发起攻击；兵力是对方的一倍时，则可以通过分割对方，形成兵力优势，再对敌发动攻击。孙子指出，用兵的奥秘就在于“避实击虚”，力求达成“以镒称铢”。要想在战争中获胜，必须要努力达成以优势兵力对敌，或者是形成局部优势，再寻找获胜的机会。

萨尔浒之战是避实击虚、集中兵力的经典战例。在这场战争中，努尔哈赤采取集中兵力、各个击破的战法，取得了对优势之敌的辉煌胜利，从根本上改变了明与后金之间的战略态势。

1618 年，努尔哈赤制定了攻打明军、兼并女真各部，夺取辽东的基本战略方针，并在经过认真准备和周密筹划后，以“七大恨”誓师，开始将既定的战略付诸军事行动，攻下抚顺、抚安堡等辽东重镇。为了消灭后金政权，解除东北边疆危机，明廷立即调兵遣将，任命兵部侍郎杨镐为辽东经略，加紧筹饷集粮，置械购马，准备发起决定性的进攻。

1619 年 2 月，明朝辽东经略杨镐率十多万明军，试图凭借数量优势，兵分四路，围歼后金。不料，明军的攻击计划在实施之前已经泄露，后金方面完全掌握了明军的作战企图，并从容制定了应对之策。努尔哈赤是少有的天才型军事家。他认真分析敌情，认为明军的东、南、北三路长途奔袭，难以保证如期到达，遂决定采取“凭尔几路来，我只一路去”的作战方针，集中兵力，各个击破。而这，正是孙子谋攻之法的精髓。努尔哈赤找到了这个办法，也就距离胜利不远了。

努尔哈赤把六万八旗精锐统配于赫图阿拉附近，首先对孤立冒进的明西路军杜松实施迅雷不及掩耳的打击。明军主力西路军三万余人几乎全军覆没。次日，努尔哈赤又率八旗全部兵马移师北进，将矛头指向明北路军。在尚间崖一带全歼北路军马林所部，主帅马林仅以身免，逃回开原。

击败杜松、马林之兵，努尔哈赤立即率领大军返回赫图阿拉，移兵南下迎击明东路军刘綎所部。这是明军中的精锐之师，训练有素，装备精良。努尔哈赤采取了诱敌深入、设伏聚歼的战术。当时刘綎还不知道西、北两路军已经失败的消息，战术设计不免失误。努尔哈赤自率四千精兵守城，将主力部署在阿里布达冈设伏，另以少数后金军冒充明军，持着总指挥杜松的令箭，诈称杜松的西路军已逼近赫图阿拉，要其速进合围。刘綎不知是计，下令全军轻装兼程前进，结果进入后金军的伏击圈，全军被歼，刘綎阵亡。

坐镇沈阳的明军主帅杨镐本来掌握着一支机动部队，但他对四路明军均未能作任何策应。等到三路丧师后，他才慌忙急檄南路李如柏军撤兵。李如柏军在回师途中，为小股后金哨探所骚扰，军士惊慌逃奔，自相践踏，死伤千余人，最后总算是逃脱了被后金军聚歼的悲惨命运。至此，努尔哈赤在五天之内，干净利索地结束了战斗。

四、践墨随敌：皇太极进攻北京

孙子的战术千变万化，变化是灵魂。孙子主张“践墨随敌，以决战事”（《九地篇》），正是主张根据敌情的变化而不断地调整作战计划。这其实也就是“因敌而变化”。皇太极进攻北京的战斗中，非常好地贯彻了孙子的这个战术主张。

崇祯二年（1629）十月下旬，皇太极得到袁崇焕杀死毛文龙的消息，随即率领满蒙铁骑约十万，避开袁崇焕所把守的宁锦防线，绕道蒙古，突破长城防线，抵达遵化城下。

遵化距离北京城不过二百里路程，后金军的突然出现，令崇祯皇帝和明廷上下都吃惊不小。崇祯皇帝只能立即布置北京城的防御，同时号令距离京城不远的各位总兵火速率兵赶往北京城救驾。袁崇焕也很快得知这一消息，于是派出铁骑火速赶往北京，只是四千先头部队中了后金军的埋伏，遵化城也没能保住，北京的形势变得更加危急。

袁崇焕不敢怠慢，在派出先头部队的同时，自己也亲率九千关宁铁骑直奔蓟州城，试图在那里拦截后金军。这时，各路勤王兵纷纷进入北京地区，北京的防卫形势立即得到很大程度的缓解。危急时刻，袁崇焕被任命为各路勤王兵马的总指挥。崇祯对他说，调兵打仗这些事情完全由你自己灵活处置，见机行事，对袁崇焕充满信任。当然，这也许只是出于无奈，在当时的情形之下，也只能重用袁崇焕，用他来击退后金军。

但是，袁崇焕的兵马调度完全跟不上皇太极的步调。也可以说，是皇太极善于根据明军的布防情况，及时改变行军路线。袁崇焕认为蓟州城是皇太极必经之路，于是就此设下重兵防守，准备用火炮痛击皇太极的满蒙铁骑。没想到皇太极率领大军绕过蓟州，直奔顺义。袁崇焕得知这一消息，立刻率兵赶往顺义。没想到皇太极又掉头向南，直扑通州。袁崇焕只得跟着赶往通州，试图在通州一带拦截皇太极，没想到皇太极又出高招，直接绕过通州，直奔北京城而去。

皇太极带着十万铁骑，在北京城外玩起了“凌波微步”。骑兵的长处就是机动性强，皇太极很好地利用了这一点，与袁崇焕在北京城外捉迷藏。袁崇焕一心想着要赶在后金军之前抵达北京城下。结果，在经过一番强行军之后，明军终于赶在后金军之前来到北京城下。但是，后金军随后就杀到，恰好与明军一前一后，前脚跟着后脚。这正好给人一种错觉，是袁崇焕把皇太极引到了北京城下。北京城内，上至朝廷，下至百姓，不仅为之愕然，而且越来越相信一种传言：是袁崇焕出卖了朝廷，带领金兵来袭击北京城。

皇太极开始攻打北京城。明军在袁崇焕和满桂等人的指挥下，展开了奋勇反击。北京城严密的炮火体系也对城外作战的明军形成了有力支援，虽说曾误伤了自己人，但也对后金军造成不小的损伤。就在两军激战正酣之际，皇太极撤兵了，北京城的危机，就此得到解除。

后金军撤退，固然是由于袁崇焕等人及时救驾并组织了卓有成效的反击，但更为主要的原因是：皇太极眼见战局焦灼，便主动撤离战场。皇太极大概意识到北京城的城防坚固，勤王的明军也越聚越多，自己属于长途奔袭，兵力处于绝对劣势，而且后勤补给不足，如果陷入持久战，则明显处于下风，所以干脆主动撤军。这反映出皇太极务实和灵活的作风。

当然，皇太极不会这么轻易撤离。他在临走之前，设计了一出精彩的反间计，利用关押着的两名明朝太监传递“袁崇焕通敌”的假情报给崇祯。崇祯信以为真，逮捕了袁崇焕，不久之后就将其杀害。这一“自坏长城”的愚蠢之举，在很大程度上改变了辽东的防御态势。从此之后，明廷这边，

“边事益无人”[①]，灭亡的征兆更加显露无遗。

皇太极进攻北京的这一仗，充分发挥骑兵善于机动的特点，针对明军的布防情况，及时改变战术，彻底贯彻了孙子“践墨随敌”的战术。因此，后金军无论是进攻还是撤退，都显得张弛有度，游刃有余，很好地调动了明军，令袁崇焕一直处于狼狈应付的状态。眼看时机成熟，皇太极及时抛出反间计，令崇祯皇帝冤杀大将，更是将这出“践墨随敌”的大戏推向了一个高潮。

① 《明史·袁崇焕传》。

第五章 谋无疆界

——《孙子》在战争之外的借用

《孙子》既是一部论兵之书和谋略之书，同时也是一部哲理之书和智慧之书。《孙子》的语言优美，思想深刻，一直受到各方人士的喜爱，其影响力并没有仅仅局限于军事领域，而是对诸如经济、文学、医学等领域都产生了持久而广泛的影响力。《孙子》在讨论战争原理和军事思想的过程中，所揭示出的诸如权衡利害、辩证分析、扬长避短等思想方法，对于各行各业的人们都富有启示价值，举凡企业管理、商业经营、体育竞技等等，都可以借用孙子的这些用兵方法，来实现趋利避害、出奇制胜等目的。

第一节 《孙子》与商战

人们一直视商战如同兵战，是因为商战同样充满了竞争，充满了谋略和智慧的较量。故此，《孙子》的智慧与谋略足以在商战中大显身手。在中国古代，自先秦时期开始，就已经有白圭等人开始借用《孙子》置产经商并取得了佳绩。至于现代商战中，《孙子》的应用更加广泛，在西方和日本都引起了深远影响。这本兵学宝典华丽转身之后，成为一部商战宝典，甚至被一些西方企业家视为最有价值的一部商战智慧之书。

一、商战如兵战

总体而言，《孙子》相关用兵的一些重要思想和原则，比如情报先行、利益为上、不避诡诈、慎重决策等等，在商战中都可以得到借用。

《孙子》注重“知彼知己”和情报先行，强调未战之前仔细比较敌我双方的基本条件，认真考虑影响战争胜负的五种因素，在决策时需要慎之又慎。就商战而言，同样需要考虑天时、地利、人和这些因素，故此，孙子的这些原理完全适用。作为一名企业领导，同样需要做好充分的情报工作，认真考虑那些影响企业决策的各种筹码，并始终沉着冷静，慎重决策，果断决策，才能在商战竞争中保持不败。并且，在商战中，尤其需要高举利益原则，这与《孙子》所提倡的“非利不动”原则完全吻合。甚而《孙子》所提倡的“兵者诡道”和“兵以诈立”等原则，也被不少企业家视为商战竞争的不二法则。他们认为，只有注重使用奇兵和奇计制胜，不按常理出招，大量使用变诈之术，才能够在充满竞争的商战中赢得主动，最大程度地获取利益。

在开展商业竞争活动时，企业领导必须懂得如何抓住有利态势和最佳时机，合理配备人员来赢得胜利，并且力争一鼓作气，集中力量，这正是《孙子》所一贯强调的“善战者，求之于势”和“择人而任势”。此外，《孙子》强调的主动原则——“致人而不致于人”，也可以在商战领域大显身手。在商业竞争领域，更加强调主动出击，争取所谓“先胜”，贯彻“超前战略”来赢得主动权，并获得最后的胜利。

商战如同兵战，充满了竞争，充满了谋略和智慧的较量，充满了力量的较量。战场和商场存有很多共性，也是施展力与谋的舞台。故此，《孙子》作为一部智慧之书与谋略之书，在战场证明其价值之后，其经验和教训等也会被商人充分吸取，孙子的这些战争谋略也能够在商战中大显身手。

二、历史上的多方借用

《孙子》在商战的应用，由来已久。自从《孙子》诞生之后，历代都有军事家成功转型为企业家和实业家，更不乏成功运用《孙子》兵学谋略经商盈利的精彩案例。商战为《孙子》提供了另外一个崭新的舞台，而《孙子》则使得这种商战文化变得更加绚丽多彩。

最早成功借鉴《孙子》兵学谋略经商的，怕是要数到战国时期的商贾白圭。当魏文侯在位时，李克正致力于开发土地资源，而白圭却喜欢观察市场行情和年景丰歉的变化。所以，当货物出现过剩而低价抛售时，他就大量予以收购；当货物出现不足而高价索求时，他就大量进行抛售。当谷物成熟之时，他就买进粮食，出售丝、漆；当蚕茧结成之时，他买进绢帛棉絮，出售粮食。因为他能预判年景的好与不好，所以知道适时囤积货物，根据市场行情合理出售积存货物。他并不讲究吃喝，能很好地控制自己的嗜好，并节省穿戴，与自己所雇用的奴仆们同甘共苦，同时也非常善于捕捉赚钱时机，像野兽猛禽捕捉食物那样迅捷。在介绍经商经验时，他曾这样说道："我经商，就像伊尹、吕尚筹划谋略，孙子、吴起用兵打仗，商鞅推行变法那样。所以，如果一个人的智慧不足以随机应变，勇气不足以果敢决断，仁德不至于正确取舍，强健不至于有所坚守，虽然想学习我的经商之术，我终究是不会教他的。"

由《史记》的记载可知，白圭曾明确指出，他的经商之术部分取自"孙、吴用兵"。"孙"在"吴"前，显然是指孙武，而不是孙膑，所以其经商之术，是取自《孙子》，而不是《孙膑兵法》。通观白圭的主要经商谋略，人予我取、低吸高抛、准确把握时机、与部下同甘共苦等，都可以从《孙子》的战略战术思想和治军思想中找到源头。在介绍白圭时，司马迁最后特别强调其经商虽说是“能试有所长”，但也“非苟而已也”[①]，并非鲁莽蛮干，马虎行事。《孙子》一贯强调“慎战”，这自然也会对白圭的谨慎经商、慎重决策产生一定的影响。

《孙子》以“先知”为核心的情报先行原则，对于商人经商也具有重要指导意义，而且这样的例子在历史上比比皆是。战国末期的巨贾吕不韦就是其中一位。他在赵国都城邯郸做生意时，结交了在赵国充当人质的秦昭王孙子异人。这位见多识广的商人得到一些重要情报，便就此琢磨起做“人货”生意，展开了针对政治人物的大买卖。经过一番秘密运作，吕不韦先是打通华阳夫人的姊弟，继而说动华阳夫人，再由华阳夫人说服安国君立异人为嫡子，最后通过外交途径使赵国归还人质（另一说是买通守关者逃离）。结果，数年之后，异人回国即位，吕不韦因为保护异人有功，自然而然地成为丞相，就此名利双收。

在清代，山西太谷县有一位曹姓商人，也是因为情报得力而受益。这一年，他看到田地里的高粱长得异常大，非常茂盛，却也带着一丝异样，他决定折断几根看看，结果发现高粱的茎内有不少害虫。由此他对当年的高粱收成有了较为明确的预判，于是连夜安排大量收购高粱。当时的许多人都没有做这样的情报工作，普遍认为高粱丰收在望，于是大量出售库存高粱。不久之后，高粱果然在成熟之际被害虫成批咬死，当地的高粱严重歉收，但曹姓商人却因为事先囤积了大量高粱而获得暴利。

① 《史记·货殖列传》。

中国人经商的历史非常悠久，由此而逐渐形成博大精深的商业文化，也诞生了一些秘而不宣的经营秘诀。这些经商秘诀，有不少都与兵法联系紧密，受到《孙子》的启示。司马迁在《史记·货殖列传》中总结经商之道时说，“故善治生者，能择人而任时”，此语明显从《孙子·势篇》“故善战者，求之于势，不责于人，故能择人而任势”一语化来。所谓“择人而任势”，强调的是用人问题和抓住恰当时机。其中“择人”，一种说法是“释人”。这些当然也与经商紧密相连，对于商战具有很好的指导意义。

将《孙子》的兵学谋略运用到商战中，《孙子》的理论并不能拘泥运用。比如说，“择人而任势”并不能仅仅局限于“择人”，由“择人”，也可以延伸到“择地”和“择时”等。在兵学领域，这些其实完全可视为是“择人”和“任势”的化用，在商战中更是如此。在《史记·货殖列传》中还记载了一个“择地而任势”的例子。秦国击败赵国之后，强行逼迫卓氏迁徙，卓氏很多财产被掠夺，但他们夫妻二人推着车子，自愿迁徙远方。当时，同样被逼迁徙的百姓大多争着给主事官吏送去钱财，央求迁徙到近处的葭萌县。只有卓氏看重了汶山下面的沃野，判断那里更容易做买卖，于是迁到远处的临邛一带，最终在那里顺利地发财致富，最多时奴仆甚至多达千人。卓氏自此尽享射猎和游玩之乐，堪比国君。《孙子》有云，“夫地形者，兵之助也”，强调知地对作战的重要性。卓氏则成功地将它运用于商战，因为占据了汶山一带有利地形，成为一代巨贾。

第二节　《孙子》与医学

在医学领域，尤其是传统中医学领域，兵学经典《孙子兵法》（以下简称《孙子》）曾饱受重视，孙子的用兵理论曾被中医学理论大量借用。就目的论而言，兵法和医学具有一个最大的共同点：都高度关注生命的存活。就方法论而言，二者的相似性更多，比如先知敌情、果断出击、集中力量等等。在病人和医生眼中，病魔就是敌人，是需要设法打败的对象。由于这个原因，《孙子》的用兵之术自然会受到中医学的重视和借鉴。

一、《黄帝内经》的借用

著名医学著作《黄帝内经》，一般认为成书于战国至秦汉时期，因为《汉书・艺文志》中已经对其有所著录。这部医学著作对先秦时期的中医理论进行了系统总结，《孙子》成书春秋末期，在战国时期已经开始广泛流传，故此也会受到中医学界的重视。在《黄帝内经》中，就存有大量借鉴《孙子》兵学思想的痕迹。

比如《灵枢经》中，作者就曾借用《孙子・军争篇》中“无邀正正之旗，无击堂堂之阵”一语，探讨针灸之法：

> 黄帝曰：“候之奈何？”伯高曰：“兵法曰：‘无迎逢逢之气，无击堂堂之阵。’刺法曰：‘无刺熇熇之热，无刺漉漉之汗，无刺浑浑之脉，无刺病与脉相逆者。’”

伯高所引“无迎逢逢之气”一句，与《孙子》原文稍有出入——《孙子》原文作“无邀正正之旗”，这很可能是《孙子》古本在流传过程中出现的异文现象。不管是“无迎逢逢之气”，或者“无邀正正之旗”，抑或是“无击堂堂之阵”，其实都是提醒人们抓住用兵时机，找到一个合适的突破口。医生的用针和用药，道理与此相通，要求施治的过程中，既要抓住时机，更需对症下药，故而可与孙子的用兵理论求得相通。当然，《黄帝内经》作者的思考并未止步于此，而是继续套用《孙子》的句式，构建了独到的“刺法”，“无刺熇熇之热，无刺漉漉之汗，无刺浑浑之脉”，对针灸的时机和部位进行了简明扼要的总结。

就思想层面而言，《黄帝内经》对《孙子》的借鉴更多，这也是医学与兵学之间诸多的相似性所决定的。比如说，在强调先机制胜方面，《孙子》强调的是“先知”和“先胜”，而不是等到必须打仗之时才去忙着进行作战准备，故此，《孙子》将“不战而屈人之兵”作为最高境界孜孜以求，力求以“伐谋”和“伐交”等先期的谋略运用，以最小的代价换取最大的战果。《黄帝内经》的理念与其非常相似，强调的是“治未病”和“治未乱”，而不是等已经生病了才去救治，必须要在平时就注意防范，力求做到防患于未然。《黄帝内经》从《孙子》“不战而屈人之兵”的战争境界中受到启发，也是将减少百姓疾苦和病人的痛苦作为终极追求。

在讨论治疗之法时，《黄帝内经》也会经常类比兵法，大量借鉴《孙子》的用兵理论。《黄帝内经》的作者认为，治病就如同“两军相当，旗帜相望”，要想打败顽疾必须要做通盘考虑，重在平时保养，并不是“一日之谋”就可以达成，这个道理正像两军交战。在战争中，士卒的战斗力养成并不能依靠“一日之教”（《灵枢·玉版》），而是贵在平时的作风养成，也即将所谓“令文齐武”的治军之术真正落到实处。毫无疑问，《内经》作者的这种比喻非常贴切生动，也抓住了二者的本质。

《黄帝内经》的“知论”，多少也受到了《孙子》“知论”的影响。众所周知，《孙子》非常强调情报工作，要求将帅必须充分了解敌情和我情——“知彼知己”，并且要注意收集天候情报和地理情报——“知天知地”，故此，情报论构成了孙子兵学理论体系中的重要一环。《黄帝内经》的“知论”，要求医生“上知天文，下知地理，中知人事”，这与《孙子》的“知论”有着很多相通之处。为了达成“先机制胜”的目的，《黄帝内经》强调在平时就必须做好明辨病理、探明病情、深察药性的工作——“察病机之要理”，这其实也可与《孙子》的情报理论求得相通。

《孙子》重视以“修道而保法”来实现国富民强，从而立于不败之地，做到“有备无患”。《黄帝内经》同样重视“必求于本”，强调以自身的身体强健作为抗击病魔侵袭的基础。至于在病情治疗方法上，《黄帝内经》受到《孙子》启示尤多。《孙子》用兵非常强调“杂于利害”，辩证对待战争得失，考虑战争决策和战略战术时，必须兼顾有利和不利的各方面因素。《灵枢·终始》中则强调了“必通阴阳”，及时地观察阴阳，调整和促进人体的阴阳平衡，确保人体正常的生命活动，同时也要辩证看待救治过程中的得失。

其他方面，《孙子》主张速决战——“兵之情主速”，《黄帝内经》也针对病情“其来也疾，其传也疾”的特点，主张对病人及早治疗，反对一切不合理的拖延。此外，《黄帝内经》还大量吸收《孙子》“治气”“治心”“治变”的主张，大量借鉴《孙子》“避实就虚”、集中力量等用兵原则，建构起“因时制宜”“务求治本”等一整套辩证施治的中医学理论。

可以看出，作为一部古典中医学理论集大成著作，《黄帝内经》在很多方面都受到了《孙子》的深刻启示。这正如专家所指出的那样：二者都强调通过全面系统和广泛联系的方法来考虑问题，正确决策和解决问题。

二、唐宋医理“暗合孙吴”

《孙子》包含有丰富的朴素唯物论和辩证思想，成为中国古代辩证法的源头之一。故此，在中医学等领域对于医学家的辩证思考非常有帮助。不仅是先秦时期《黄帝内经》积极借用，在唐宋时期的大量医学家也不断对其进行借用。

唐代著名医学家，被称为“药王”的杰出名医孙思邈，曾对《黄帝内经》进行深入研究。《黄帝内经》中大量借鉴《孙子》等兵学思想进行医治的主张，自然也会被他继承下来。在他的医学著作中，也曾借用《诗经》中“赳赳武夫，公侯干城”的诗句，要求治病下药时必须大胆而又心细，借鉴和运用军事家的用兵理论，果断医治，合理用药。

到了宋代，“用药如用兵，用医如用将”已经成为很多医学家的共识。张纲论述医学与兵法的关系，认为“用药如用兵，药有方犹如兵之有书”，并且医学之道的所谓战胜攻取，皆能“暗合孙吴”。这里所谓“孙吴”，历史上一贯特指孙子和吴起，或者他们的兵书著作《孙子》和《吴子》。

张纲又特别挖掘孙子的“慎战”思想，建立了“慎医”理论。他引用《孙子》“知兵之将，人之司命”一句，提醒医生慎重医治病人，一定不能做鲁莽行事的庸医，误人害人。《孙子》虽说是论兵之作，却并非穷兵黩武，而是积极主张“慎战”，反对盲目开战。这一点对张纲的医学理论影响较深。张纲成功地将孙子的“慎战”思想引进医学领域，就此形成了“慎医”思想。显然，经过自先秦至唐宋的积累，在张纲这里，医学与兵学，尤其是和《孙子》的关系，联系得更加紧密了。张纲用一种非常独特的方式，借兵战之理，深入探讨了医理，取得了很大成绩。

明代李中梓在《医宗必读》中指出，用药不仅要“知常”，更须做到“知变”，如此才算达到他所追求的“智圆”的高明境界。这一点其实也是受到《孙子》的启发。孙子认为，用兵中有“常法”，也有“变法”，战争中一定不能拘泥常法，否则就会遭到失败，所以孙子在大量讨论用兵常法之外，又特设《九变篇》详细讨论用兵的变术。李中梓主张医治之时尤其要注意根据病人不同时期的病情特点来区别对待，合理救治，而不是固守于旧法，拘泥于常法，这与孙子的用兵之道也基本相通。

三、用药如用兵：徐大椿的系统总结

历代都不乏借《孙子》兵学原理而探讨医道的学者，但是系统总结《孙子》与医学关系，将孙子用兵理论最大程度地引入传统中医学理论的，要数清代的名医徐大椿。

徐大椿，又名大业，江苏吴江县人，对经学和医学都有精深研究，专心致志于各种实用之学。因为父亲长期患病，无法得到有效的医治，遂发愤学医，立志以医学济世。此后，他熟读《黄帝内经》《本草纲目》《伤寒杂病论》《金匮要略》等古代医典，注意将书本知识与临床实践紧密联系起来，终于成为一代医学名家，上门求医者络绎不绝，甚至当朝皇帝乾隆也多次召其进京治病。

徐大椿所撰医学著作《难经经释》《伤寒类方》《医学源流论》等等，都受到医学界重视，有的至今仍然是中医学的重要参考书。《医学源流论》更是其代表作，花费十余年心血著成。在该书中，徐大椿专辟“用药如用兵论”一章，全面阐述了“防病如防敌”“治病如治寇”“用药如用兵”

等重要医理。可以说，自先秦时期一直流传的“用药如用兵”理论，在徐大椿这里得到了非常系统的总结。

除了对《黄帝内经》的相关理论完成继承之外，徐大椿又有不少创造性的发展。比如，他主张对于复杂病情要能够合理地分而治之，最终实现“以寡胜众”的目的，成功地救治病人，这其实也是受到孙子的启示。在《用药如用兵论》中，徐大椿很好地借用《孙子·谋攻篇》中的“十围五攻”（十则围之，五则攻之，倍则分之，敌则能战之，少则能逃之，不若则能避之）之法，主张在医治病人时也要贯彻“以众击寡”之法。他说：“一病而分治之，则寡可以胜众，使前后不相救，而势自衰。”对比《孙子·谋攻篇》的“十围五攻”理论，不难看出徐大椿“以众击寡”之术的理论源头。

徐大椿进一步指出用兵与用药的共同点：“兵之设也以主除暴，不得已而后兴；药之设也以攻疾，亦不得已而后用，其道同也。”[①] 很显然，兵学与医学的关系，在徐大椿这里得到了最为系统和完整的总结。就兵学与医学的性质、功用、方法等等方面，徐大椿都有总结性质的类比。他不仅主张在医治病人时充分借鉴孙子“知彼知己”“因敌制胜”“避实击虚”等用兵原则，将医生的临症处方视为“运筹帷幄，调兵遣将”，甚至认为治病之法尽在《孙子》，故此他曾说道：“孙武子十三篇，治病之法尽之矣。”此语无疑是医学界给予《孙子》的最高评价，也全面准确地阐述了用药如用兵的医理。

---

① 《医学源流论·用药如用兵》。

第三节 《孙子》与文学

《孙子》思想深刻，文辞优美，这是它广泛流传的最主要原因。中国古代的文学家和文学理论家，很早就注意到《孙子》，并都投入研究其语言艺术，甚至很多文学作品、文论作品都受到其影响。

一、文学理论家的关注

由南朝梁武帝长子萧统组织文人共同编选的《昭明文选》（简称《文选》），是现存最早的一部汉族诗文总集。《文选》选录了先秦至南朝梁八九百年间七百余篇各种体裁的文学作品。虽说《文选》选录作品的标准是纯文学，但并没有忽视《孙子》。恰恰相反，这部文学选编作品，多次明引或间引《孙子》文字，仅仅《势篇》就被引用九次之多[①]。这充分说明《孙子》在当时已经受到文学界的广泛重视。

在文学理论巨作《文心雕龙·程器篇》，刘勰盛赞道："孙武兵经辞如珠玉，岂以习武而不晓文也？"在这里，刘勰首次把《孙子》提升到"经"的高度，虽说纯属个人行为，但也足以显示出他对《孙子》的赞赏之情。不仅如此，就连他相关文学理论的著名作品《文心雕龙》的写作，也受到了《孙子》兵学理论的深刻影响。在《文心雕龙》中，刘勰就布局谋篇等写作指导思想进行了深入探讨。这个过程中，他大量借用了军事术语、借鉴《孙子》兵学思想来探讨文学理论，诸如奇正、变化、诡谲等词语，几

① 吴琪：《〈文心雕龙·辨骚〉"奇正转换"论》，《南华大学学报（社会科学版）》2008年第5期。

乎都是孙子论兵时常用之词，也是孙子兵学理论的重要范畴。

刘勰认为，文武之道是完全相通的，因此二者的相关理论完全可以互相借鉴："文武之术，左右惟宜。"（《文心雕龙·程器篇》）在孙子论兵的一些重要范畴中，刘勰似乎更加重视"奇正"。有研究专家指出，"奇正观是贯穿《文心雕龙·辨骚篇》的核心思想"[①]，而且必须要和通变结合起来运用，这明显是受到了孙子用兵理论的直接启示。自从刘勰在文学理论中引入"奇正"这一兵学观念之后，唐宋至明清的历代文学家都非常重视和借鉴。显然，就文武理论结合这一点而言，刘勰是建有首功之人。

二、文学家的妙用

在唐代，文学家越来越多地注意到《孙子》。据说诗仙李白少年时就接触了《孙子》。他的诗歌立意新奇，非常契合于孙子的"出其不意"理论，宏大气象也受到《孙子》"造势"理论的直接启示。至于白居易、高适、罗隐等诗人更是在自己的诗歌中直接提到《孙子》，更是以专门的篇章来怀念孙武。传奇小说在唐代兴起，不知道这是否受到孙子相关奇兵制胜理论的影响。

高适在《蓟中作》中曾写下"惆怅孙吴事，归来独闭门"，抒发自己志在报国的壮烈情怀，又在《送浑将军出塞》中写下"李广从来先将士，卫青未肯学孙吴"的诗句，表达自己对右武卫大将军浑释之的赞赏之情。白居易在《和微之春日投简阳明洞天五十韵》中写下了"庙谟藏稷契，兵略贮孙吴"的诗句，表达自己对《孙子》高超兵学谋略的钦佩之情。周昙写作《春秋战国门孙武》一诗表达对孙武的怀念，诗中写道："理国无难

① 吴琪：《〈文心雕龙·辨骚〉"奇正转换"论》，《南华大学学报（社会科学版）》2008年第5期。

似理兵，兵家法令贵遵行。行刑不避君王宠，一笑随刀八阵成。”这首诗简要叙述了孙武“吴宫教战”的故事，借此强调了严明法纪对于治国的重要性。文学家对于《孙子》的重视，固是《孙子》在唐代得到广泛传播的结果，但毫无疑问的是，借助于诗歌等文学载体，《孙子》也得到了很好的宣传和推广。

在宋代，《孙子》连同《六韬》等兵典被立为“兵经”，文人论兵和研读《孙子》成为时尚。“苏门四学士”之一的黄庭坚，在讨论为文之体时就曾借用孙子兵学理论，主张“自然法度行乎其间，譬如用兵，奇正相生”①。词人姜夔论诗也曾借用兵法，主张诗歌创造应该做到“如兵家之阵，方以为正，又复是奇，方以为奇，忽复是正”，最终达到“出入变化，不可纪极”②的境界。显然到了宋代，《孙子》相关奇正的用兵之术，文学家已经习惯借鉴使用，兵法和文学的关系明显深入了一层。

明清时期，文学作品一度追求平淡自然，讲究性灵，但唐宋以来形成的“以奇制胜”理论并没有遭到完全抛弃。高明的文学家，则是强调“传奇”与“自然”的统一，在这二者之间追求所谓中庸之道。之所以出现这种局面，可能是文学发展的内在逻辑结果，并不代表《孙子》“以奇胜”的理念遭到彻底无视。传奇小说在明代重新崛起，正是这种追求“奇趣”的产物。

三、文人论兵：文学家的注释和研究

历史上，有不少文学家都认真研读《孙子》，甚至亲自为该书作注，留下了不少注释作品，其中最为著名的要数曹操、杜牧、梅尧臣等人。

汉代末年的曹操，既是一位著名的军事家，同时也是一位著名的文学

---

① 《渔隐丛话》卷十。

② 《白石道人诗说·自序》。

家。因为对前人所做繁复注释不满意，他决定改用简略的方式注释《孙子》。他的这个注本，文字简明切要，不仅具有重要的文献学价值和思想价值，言简意赅的语言也受到历代研读《孙子》的专家的追捧，并深刻影响着后世的注释家。

唐代杜佑和杜牧，都以文史见长，当然，要是论说文学成就，杜牧似比其祖父杜佑更高一筹。杜牧对《孙子》也有着精深的研究，他的注本流传很广，影响很大，是“十一家注”中成就较高的一位。相比较文学作品，杜牧的这部论兵之作显然更能寄托自己的政治抱负。

北宋著名文学家，被南宋诗论家刘克庄奉为宋诗“开山祖师”的梅尧臣，对《孙子》同样是情有独钟。梅尧臣的文学成就为北宋大文豪欧阳修所赏识，二人共同领导北宋的诗文革新运动。据欧阳修所做《孙子后序》记载，梅尧臣曾称赞《孙子》不但“文略而意深”，而且“其言甚有次序”[①]。梅尧臣注释《孙子》的单行本已经失传，其注释词条留在《孙子十一家注》中，语言简练，文辞优美，有着很高的水准，也受到历代《孙子》研究专家的重视。

北宋时期文学家辈出，后人一直称道的“唐宋八大家”，宋代占据其中六位。苏氏父子——苏洵、苏轼、苏辙，世人并称“三苏”，都是以文章名世的著名文学家。事实上，他们不仅是文章冠绝天下，对军事问题也都有过深入研究，也非常喜欢研读《孙子》等兵书。苏洵虽说赞同孙子“上智为间”的观点，但也对孙子的用间之术并不完全认同。在苏洵看来，孙子的五间之术，甚而其用兵之术，终究属于诡诈之术，由此而对其持批评态度。

① 《欧阳修全集》卷四十二，《孙子后序》引。

苏轼也曾精心研读《孙子》，还专门写作《孙武论》，探讨孙子兵学思想的得失。与父亲苏洵相比，苏轼更显出儒者本色。他固然称赞孙子“善言兵”[①]，但对孙子兵学思想中，诸如“逐利”“诡诈”等重要原则，基本都持批评态度。苏轼的文风恣肆豪放，晁说之称其“仿佛孙吴用兵……左右前却，在我顾盼间，莫不听顺”。苏轼文风是不是因为长期研读《孙子》而受到影响，我们不得而知，但是这位大文豪与《孙子》的密切关系，当为有目共睹。

面对内忧外患的危局，苏辙也高度关注军事问题，推崇并认真研读《孙子》，先后写下《论西事状》和《论西边警备状》等奏章和献策，反复申述自己的备边防敌之策。与苏洵和苏轼不同，苏辙虽一直精研儒家思想，但对于孙子的诡诈之法，并不是完全排斥的态度，而是本着非常务实的精神，胸怀兼容并蓄的雅量。

第四节　《孙子》与棋道

围棋的诞生，要比《孙子》更为久远，但是，因为弈棋之理与作战之理很多相通之处，所以围棋界对于《孙子》这部兵典的借鉴也很普遍。

一、棋理与战理

围棋是一项古老的游戏。晋代张华在《博物志》中引用《世本》称，围棋在上古时期就已经产生，是尧调教儿子丹朱而发明的一种游戏，希望以此开发丹朱的智力。距今至少五千年的甘肃永昌马家窑文化遗址，出土

① 《孙武论》：“古之言兵者，无出于孙子矣。”

有 9×9、10×10、13×13 棋盘图案，据专家说，这很可能就是早期的围棋棋盘。

长期以来，围棋一直被国人当成是益智养性的游戏，但这种黑子白子的互相博弈，其游戏过程与运行原理等，都和战争中敌我双方的生死博弈颇有相通之处。弈棋之道，正如用兵之道。弈棋之理与作战理论颇有相通之处。所以，棋道中人很快就学会利用和借鉴《孙子》的作战原理来提高棋艺，赢得棋局的胜利。

会下围棋的人都知道，围棋讲究的是形和势的配合，气与力的调理，攻和守的较量，死与活的考验等，这些其实都与用兵之理俨然相通。所以，围棋对兵战多有启示，兵法也对围棋多有教益。而且这一点，也早已为人们所认识。比如东汉桓谭曾这样说道："世有围棋之戏，或言兵法之类。"（《新论》）东汉马融在《围棋赋》中也说："略观围棋，法于用兵，三尺之局，为战斗场。"围棋固然是一项高雅的智力游戏，但是一旦棋手对坐当面，棋盘上的较量则难免针尖麦芒相对，由此将围棋变成一项带有杀戮性的游戏。虽然这种杀戮和直接拿刀拿枪有所不同，但同样带有残酷，同样需要胜负来进行对决，所以二者在本质上仍然具有不少相通之处。用兵之理和对弈之理，则相通性更多。

因为弈棋之理与用兵之理存有很多相通之处，《孙子》自然会受到众多棋手的格外重视，而《孙子》的用兵之道，也会为广大棋手所借用。围棋是一种智力游戏，对弈过程始终需要运用谋略。两军交战，更需要施展谋略，所谓"上兵伐谋"。在古代，围棋是很多军事将领的主要爱好。关羽在刮骨疗毒时弈棋，表现出勇敢无畏；谢安在淝水之战前弈棋，表现出镇定自若，这都是古代将领热爱棋道的明证。他们既能在兵战中巧用谋略，也能在对弈时借用兵法。

二、棋经和兵经

在中国古代，曾产生过不少将棋道与兵法对比讨论的著作，其中最典型的要数敦煌写本《棋经》、王积薪的《围棋十诀》和宋代张拟所著《棋经》，以及南宋国手刘仲甫所撰《棋诀》等。刘仲甫在《棋诀》中称“棋者，意同于用兵”，所以撰写围棋秘诀，都力求“粗合孙吴兵法”。至于《棋经》，无论是敦煌写本，还是张拟著作，都是大量借鉴兵法探讨棋理。

《孙子》论兵，非常重视“任势”，甚至有单独的《势篇》集中讨论“造势”和“任势”。敦煌《棋经》的作者同样重视“势”，甚至也有《势用篇》，专门讨论如何在棋盘上造势。棋谚说“三线取地，四线取势”，意思是在三线落子，对于夺取实地很有帮助，四线落子则可以取得外势，对未来中腹作战会有所帮助。围棋中的“势”，与孙子所论之“势”，具有很多相通之处，对弈的过程中，棋手也要非常注意培养一种潜在势力，追求未来的发展。

敦煌《棋经》将棋手的对弈，视为“两将相谋”。就对弈而言，一切技巧和心机，都要靠棋手在错综复杂的局面下，临时选择和决策。在这种临机处置的过程中，棋手如果展示出临危不乱的大将风度，也会令对手畏惧三分。对局者的气势，也会对棋局的走向起到重要影响。《棋经》还主张“不以实心为善，还须巧诈为能”，这和《孙子》“兵者诡道”“兵以诈立”的理论颇有暗合之处。对弈过程中，需要巧设诡计，这既可以弥补计算能力的不足，也可以适当提升作战能力，将对手最终打垮。

张拟所著《棋经》，不仅挖掘《孙子》用兵谋略，甚至体例和篇数也都完全模仿《孙子》，著成十三篇之制，而且有篇名与《孙子》完全相同——

《虚实篇》，包括《得算》《度情》等的篇名设置，则是明显借鉴了《孙子·计篇》相关情报的论述。在《棋经》中，《孙子》关于用兵谋略的精髓，如“避实就虚”“因敌制胜”“知彼知己”“奇正相生”等等，都得到了忠实继承和大胆借用。围棋的计算胜负之法，并不计较局部的得失，而是一定要等到全局终了之时，才能比较围空多少得出胜负，所以它在意的是全局的得失。因此，《棋经》对《孙子·谋攻篇》中“必以全争于天下”的“全胜”战略推崇备至，强调棋手必须存有“图大之心”，甚至可以“弃小而不救”，务必追求全局之胜。

在具体的文字和写作上，《棋经》也对《孙子》有很多借鉴和引用。下面，我们分别摘抄若干文字，方便大家进行对照：

《棋经》	《孙子》
棋者，以正合其势，以权制其敌。故计定于内而势成于外。战未合而算胜者，得算多也。算不胜者，得算少也。战已合而不知胜负者，无算也。兵法曰：“多算胜，少算不胜，而况于无算乎？由此观之，胜负见矣。”（《得算篇》）	夫未战而庙算胜者，得算多也；未战而庙算不胜者，得算少也。多算胜，少算不胜，而况于无算乎。吾以此观之，胜负见矣。（《计篇》）
夫智者见于未萌，愚者暗于成事。故知己之害而图彼之利者，胜。知可以战不可以战者，胜。识众寡之用者，胜。以虞待不虞者，胜。以逸待劳者，胜。不战而屈人者，胜。《老子》曰：“自知者明。”（《自知篇》）	故知胜有五：知可以战与不可以战者胜，识众寡之用者胜，上下同欲者胜，以虞待不虞者胜，将能而君不御者胜。此五者，知胜之道也。（《谋攻篇》）

通观上表，我们不难看出二者之间巨大的相似性。《棋经》文字不多，即便加上作者《自序》，也不到《孙子》的一半。但是，在这不多的文字中，作者大量引用了《孙子》的文字，只是偶尔引用《老子》等其他古代经典。

这种现象充分说明了作者受到《孙子》影响之深。

总之，《棋经》作者将对弈视为战争，着意模仿孙子用兵的战略战术，将围棋的求胜之道，用充满玄思的语言进行归纳和总结，就此建立起一套较为系统而又完整的讨论棋理的著作。虽然这本《棋经》，相对于兵经《孙子》而言，不仅篇幅上有较大差距，理论深度也相对显得浅拙，但它在围棋发展史上具有特别的意义。原因就在于，它最大程度地模仿了《孙子》，用较为简练的语言，表达了关于棋道的深邃和博大。故此，很多人都认为，《棋经》的诞生，标志着中国古代围棋理论已经发展到一个新的高度，是围棋历史上值得大书特书的一页。毋庸讳言，《棋经》能获得这样的评价，这其中实则也有《孙子》的一份功劳。可以说，正是由于张拟对《孙子》的精心研读和细心揣摩，才诞生了一本和《孙子》写作风格和篇幅体制都非常类似的围棋理论著作。

第六章 海外流布

——《孙子》在域外的影响

《孙子》兵学思想从根本上揭示了战争行为的内在规律，其战争谋略经常能对战争产生立竿见影的指导作用，故此，它不仅受到中国军事家的推崇，也远播异域，得到国外军事家们的青睐。自从唐代初期流传日本之后，《孙子》逐渐在东亚地区和亚洲各地得到传播，进而远播欧美，渐成为世界各国人民共同的精神文化财富。《孙子》的流传原来越广，影响越来越大，足以证明它是一部超越国界的兵学经典。

第一节 《孙子》在亚洲

一、流传概况

《孙子》传入日本的时间，学界主要有两种观点：其一是“唐朝初期说”；其二是“5—6 世纪说”。其中，日本著名兵学史专家佐藤坚司持第一种观点，认为《孙子》很可能是在唐朝初期传入日本，或许是公元 663 年左右经由朝鲜（当时称百济）传入日本，更大可能则是由吉备真备

（693—775）在留学中国期间带回日本。美国的《孙子》研究专家缪尔·B.格里菲斯（Samuel B．Griffith）则持后一种观点，认为《孙子》传入日本要远比吉备真备时代更早，甚至要早出几个世纪。

相比之下，我们更相信《孙子》是在唐代由吉备真备传入日本的。唐代玄宗时期，吉备真备作为日本派遣唐朝的留学生，结束了寒窗苦读的留学生涯，返回日本。他的行囊中，装了《孙子》这本书。这是《孙子》走向东瀛的开始。

吉备真备回到日本后，即开始亲授《孙子》。孙子博大精深的理论，益人心智的思想，在日本这个狭小的岛国上引起不小的震撼。人们对此趋之如鹜，潜心研读，使得《孙子》迅速地普及开来。到了德川家纲时期(1651—1680)，日本开始出现《孙子》的日文译本，从而更有力地推动了《孙子》的普及和研究。据不完全统计，《孙子》自传入日本之后，各种注释、串讲、研究的著作竟高达近200种。这个善于吸收、消化外来文化的民族，从对《孙子》的学习和借鉴中获得惊人的收益，并先后在孙子兵学的影响下形成了立足日本国情，各具鲜明特色的武学流派，其中包括林罗山、北条氏长、山鹿素行、吉田松阴等等。日本人不忘孙子兵学的溉沾，将孙武尊称为“兵圣”“东方兵学的鼻祖”，将《孙子》一书敬奉为“兵经”“武经之冠冕”。

日本的《孙子》研究史专家佐藤坚司曾将《孙子兵法》在日本的流传情况按照时间顺序分为五个阶段：初始阶段、室町时代以后、江户时代前期、江户时代后期、明治维新以后。在初始阶段，《孙子》曾长期是秘藏家传，以手抄本的形式在小范围内流传，甚至仅在皇室上层小范围传播，统治者把《孙子》当作秘密之术进行学习。到了江户时代，日本开始不断有人研究注释，19世纪开始进入研究的高峰期。我们也不妨将江户时代（1604—

1868）视为日本《孙子兵法》研究最为重要的时期之一。在这期间，日本产生了诸如林罗山、小幡景宪、北条氏长、山鹿素行等十三位在日本有着重要影响力的《孙子》研究专家。在江户时代（1604—1868），日本刊印《孙子》的书籍多达140余种。仅仅从这个数字就可以看出，日本已然迎来刊印注释《孙子》的高峰期。

到了近现代，日本对《孙子》的研究出现持续热情，共产生研究著述170余种。随着先进电子技术的适时出现，日本《孙子》研究成果的出版也有了极大便利，大批的《孙子》研究论著问世。至于二战之后，日本的《孙子》研究更是掀起了一轮更高的热潮，产生《孙子》研究著述近200种。时至今日，日本人仍然对研究《孙子》有着浓厚的兴趣，除了军事之外，也广泛应用于商业运作和企业管理等等方面。

亚洲国家中，朝鲜、越南等国，因为与中国接壤，也较早接触到《孙子》。在韩国，相关《孙子》的出版物持久畅销，从青少年读者到中老年读者，对这本兵学经典都青睐有加。有专家统计，自1953年之后，韩国已经出版有相关《孙子》的读物300余种[①]，数量不可谓不大。韩国的企业家重视《孙子》的程度，甚至不比日本企业家低。浦项制铁这种大公司，甚至要求企业员工人人都要学习《孙子》，用孙子的制胜之道来指导企业竞争。

在亚洲其他国家，《孙子》也不乏被借用的实例。比如20世纪70年代初，南亚次大陆烽火四燃。印度与巴基斯坦之间爆发了一场大规模的战争。战争中，印军成功运用孙子“以迂为直，以患为利”的作战原理，实施大规模、远距离战略机动，迂回奔袭，出其不意，分割、包围巴军主力，

① 韩胜宝：《韩流汉风话孙武——“孙子兵法全球行”韩国情况报告》，《滨州学院学报》2014年第5期。

从而一举赢得战争的胜利。

在马来西亚，《孙子》也有着深远的影响力。据说，大马首相马哈蒂尔一生最重视的两本书中，就有一本是《孙子》。在演讲中，他对《孙子·九地篇》进行引用和诠释。在马来西亚，古史研究专家郑良树先生同样非常精于《孙子》研究，对《孙子》的成书年代等问题有着自己独到的研究心得。在商人吕罗拔的组织下，1991 年马来西亚组建成立大马孙子兵法学会。学会发布论文和研究专著，同时也在吉隆坡举办演讲会，历久不衰。

泰国自 1952 年首次出版了《诗歌兵法与中国兵法》[①]，开启了《孙子》在泰国传播的先河。此后，泰国有关《孙子》的出版物接连印刷，受到读者欢迎。不仅是企业家学习《孙子》，泰国的军界和警界也将《孙子》列为教学内容。相比较其他亚洲国家，《孙子》在泰国的流传历史不算很长，但是传播的势头却非常迅猛，研究力度也非常之大，呈现异军突起之势。

二、研究和应用

吉备真备带回《孙子》后不久，就运用孙子“兵之情主速”等作战原则，迅速平定了惠美押胜发动的一次叛乱。到了 16 世纪，日本名将辈出，如织田信长、丰臣秀吉、德川家康等人，都熟读《孙子》，运用起来得心应手。以勇猛善战著称的武田信玄对孙子更是极其崇拜，他将《孙子》中“其疾如风，其徐如林，侵掠如火，不动如山”四句话概括为“风林火山”四个大字，绣在他的战旗上，矗立于军门之前，提醒自己时刻牢记《孙子》的用兵之法，成为他独具的名将风范。当然，运用《孙子》最出色、取得战功最卓著的当数 16 世纪的丰臣秀吉。他在与明智光秀、柴田胜家及德

① 苏桂亮、（泰）庄培洁：《〈孙子兵法〉在泰国的传播与影响》，《孙子研究》2015 年第 1 期。

川家康的作战中，多次有意识地使用《孙子》的作战方法及用间术，出色地挫败对手，最终赢得战争的胜利。故此，佐藤坚司称赞丰臣秀吉的作战理念和《孙子·谋攻篇》是一脉相承。

据日本学者宇佐见哲也介绍，在明治维新初期，日本的武士从小就要学习《孙子》，并称这与中日甲午海战和日俄战争的胜利有着直接的因果联系。说起对马海战，恐怕是许多人所熟知的，在这场关系到日俄战争胜负命运的海上决战中，日本海军大将东乡平八郎之所以稳操胜券，一举聚歼远道赶来的俄军舰队，立下赫赫战功，用东乡自己的话说，就是正确运用了《孙子·军争》中“以逸待劳，以饱待饥”的基本原理，从而取得了“四两拨千斤”的神效。

甲午之战的惨败是国人心口永远的伤痛。当时，我们的海军力量与日本相比并不处于劣势，甚至在某些方面还占据着一定的优势，但在黄海战场上，日本海军善于运用《孙子》的奇正之法，打得号称“世界第六、亚洲第一”的北洋水师七零八落、惨败而归。日本人学习我们的兵法，进而又能很好地加以运用并挫败我们，不能不让人慨叹。尤其是在侵华战争中，他们经常运用《孙子》“因粮于敌”和“拔城”“隳国”之法，在我国大肆烧杀抢掠，让人难以释怀。

20 世纪初期，日俄两国为了争夺东北亚地区的统治地位，遂爆发大规模海战。日本海军虽然在实力上处于劣势，但在战争中善于运用《孙子》的诡道之法，很快占据旅顺，并迫使俄军北还。俄国不甘心失败，派遣俄海军主力长途跋涉，从大西洋经好望角，再由印度洋过马六甲，然后又北上行至对马海峡。可是，当他们正要行使进入海参崴基地时，突然遭到东乡平八郎指挥的日本联合舰队的猛烈攻击。经过两天激战，俄海军舰队除三艘舰只逃往海参崴之外，其余全部覆灭。

日本海军接连两次挫败强敌，使得他们对于《孙子》用兵之术更加重视。《孙子》自此开始走进日本海军的每个角落，对日本海军建设产生了深远影响。据日本学者平间洋一介绍，《孙子例解》这本书发放至日本海军驱逐舰以上的全部海军部队、机关及各镇守府等所有陆上机关和部队。其实，在明治时代初期，日本军部一度对学习西方兵学尤其是德国兵学充满了热情，而对《孙子》研究一度有转淡的趋势，但在这两次海战接连获胜之后，他们对《孙子》的态度又发生了很大改变。据平间洋一介绍，与《孙子例解》大范围发放相比，西方的重要兵学著作《战争论》和《海军战略》则只发放学校等教育机构。由此可见孙子在日军中的影响不只是理论研究而是重在实用。

日本学者尾川敬二在所著的《孙子论讲》中坦陈道：孙子的某些名言“可以作为处世的训条”；在日常各种带竞赛性质的社会活动中，孙子的许多警句，乃是制胜上的“诀窍”。另一位名叫北村佳逸的日本人说得还要决绝，他在所著的《孙子解说》中大言凿凿地宣称：“自第二次世界大战，以至围棋胜败，垒球比赛，投机输赢，选举活动，甚至夫妻吵架——若能把握《孙子兵法》的神髓，我敢断然保证其必胜无疑。”此言虽然说得太绝对化——这也难怪，这位北村佳逸并不懂得辩证法，却多少道出了《孙子》在社会日常生活中得到普遍借鉴应用的部分事实，同时也有力地预示着孙子思想进一步走向社会其他领域的广阔前景！

日本研究《孙子》注重实用的一个重要特色就是在企业管理和商业运作方面。在二战结束之后，作为战败国的日本意外地取得了经济上的迅猛发展。日本式的经营管理模式艳绝一时。据大田研一介绍，帮助日本找到这条企业经营管理模式的教科书就是《孙子》。日本商人从《孙子》中学习管理艺术和领导艺术，尤其是重视“知彼知己”情报理念，并将其连同《孙子》的一系列诡道之法引入商战，取得了极大成功。可知，日本人重视《孙子》是渗入血液的，无法用于战场的时候，他们会很自然地找到另外一个领域。

日本人极其富有经济头脑，《孙子》倍受他们的青睐也并不意外。在这一点上他们倒是非常的坦率，曾直言不讳地承认：日本企业的生存与发展，靠的是两个轮子。在生产经营景气时期，使用美国的现代管理方法这个轮子；而在生产经营的逆境之中，则使用中国古典谋略，尤其是《孙子》这个轮子。这方面最显著的例子莫过于大桥武夫。他认真学习和研究《孙子兵法》，深刻领会其精神实质，从中寻找到企业经营制胜的秘诀，用以指导经济活动，结果取得了惊人的效益。更令人为之赞叹不已的是，他将自己借鉴运用《孙子》谋略的种种心得，付诸文字，写就了一部《兵法经营学全书》，其书一出版，立即风靡了整个日本列岛，并迅速反馈到孙子的故乡——中国。

此外，值得一提的是，日本的孙子研究专家有不少都非常重视《孙子》中的用间思想。山鹿素行曾指出《孙子》十三篇贯穿始终的是“知彼知己”的情报思想，认为《孙子》从《计》篇开始就大谈“知彼知己”，最终以《用间》篇收束全书，可知情报思想是贯穿十三篇的一根红线。他的这一观点，随即得到不少日本学者的追随，乃至得到很多中国学者的认同。江户时代后期著名的《孙子》研究专家松宫观山和德田邕兴等人对于《孙子》中的用间思想同样非常重视。

日本由重视研究《孙子·用间》开始，逐渐形成独具特色的情报战略和情报文化，对日本的科技发展、国家安全、军事力量建设和军事学术等，都产生了深刻影响。

在亚洲其他国家，《孙子》的研究应用也得到提升。比如说，《印度军史》的作者就运用孙子的思想总结了印巴战争中印军取胜的原因。他认为：印度军队正是按照孙子的名言“攻城之法为不得已”行事，战争中也贯彻了闪击快速进攻的战法，同时也遵循了孙子“凡用兵之法，全国为上，破国次之；全军为上，破军次之”的指导思想。

第二节　《孙子》在欧洲

一、流传概况

由于时空阻隔，《孙子》传入西方的时间较晚。1772年（乾隆三十七年），来华的法国耶稣会士阿米奥将《孙子》译成法文，该译本在巴黎出版，从此开启了该书在西方的传播历程。

《孙子》的法文译本一经问世，便立刻引起人们的关注，并受到广泛好评。不少法国评论家认为，这一部兵法杰作能够充当教材，为培养法国将领和军官提供帮助。这之后，整个法国对包括兵学在内的中国文化产生了浓厚兴趣。虽说在法国大革命之后法国人对于神秘东方的兴趣渐渐转淡，《孙子兵法》这部书也慢慢不被提起，可这部兵书毕竟已开始在西方逐渐流传。

俄罗斯则在1860年出现了《孙子》的俄文译本。1860年（咸丰十年），俄国汉学家斯列兹涅夫斯基（Sreznevski）将《孙子》译成俄文，并将书名定为《中国将军对部将的训示》。1889年（光绪十五年），普佳塔(Putyata)

教授撰文介绍《孙子》，将相关文章定为“中国古代将帅战略战术原则”，在俄国出版的《亚洲地理、地志和统计资料手册》上刊载。苏联在第二次世界大战中也曾根据伏罗希洛夫学院的建议，将《孙子》列为军事学术史教学与研究的重要内容。1943 年，俄罗斯军事学院开始出版颁发新的俄文译本，供学生学习。1950 年苏联科学院东方研究所出版了汉学家 N．孔拉德（N．Konrad）的鸿篇专著《孙子兵法的翻译与研究》，该著作被当时的苏联学术界称为是“对苏联军事历史科学的宝贵贡献”。1955 年，苏联国防部军事出版社出版了西多连科（Sidorenko）中校所译的《孙子》俄文译本。这个译本后来又被转译成德文发行。拉辛 (Racine) 少将为新版《孙子》俄译本写了长篇序言并指出，古代中国的军事理论家先于希腊和罗马的军事理论家，而中国古代军事理论家中最杰出的是孙子。

1905 年，英国皇家上尉卡尔斯罗普（E．F．Calthrop）翻译的《孙子》在日本东京出版。这是《孙子》的首个英译本，但它完全是根据日文版转译，不免存有一些瑕疵。三年后，也即 1908 年，卡尔斯罗普上尉在英国伦敦重新翻译出版了《孙子》，这个英译本较诸前一个译本已经有了很多改善。该译本的封面书名标题为《兵书》，副标题则是“远东兵学经典”，并注明是“根据中文翻译”。译文比较完整，没有非常多的受日文版本影响的痕迹。此外，他在译本中还附带介绍了吴起的兵法。

1910 年，莱昂内尔·贾尔斯（Lionel Giles）翻译的《孙子》问世。该译本行文更加流畅，更加忠于原作，是一部公认的佳作。它和后来的格里菲思的英译本一起，对于《孙子》在西方世界的传播起到了深远影响。在第二次世界大战期间，还有两本相关《孙子》的英译本先后问世，分别由马切尔·科克斯 (Machell Cox) 和萨德勒 (A．L．Sadier) 教授所翻译。由于受到战时条件困难的限制，翻译工作进行得比较仓促，质量不尽人意，发行量也都不大。但是，这些并不影响《孙子》在英国社会的传播。尤其是当英国战略学家利德尔·哈特 (Liddell Hart) 所著军事名著《战略论》的扉页上大量援引孙子语录之后，对于《孙子》在西方的传播起到了积极的影响。到了 20 世纪 70 年代末，英国小说家詹姆斯·克拉维尔（James Clavell）再度出版贾尔斯的《孙子》英译本，并将其分别转译成德文、西班牙文、葡萄牙文，自费在欧洲出版。

德国则是在 1910 年开始出现《孙子》的德文译本。这一年，德国的布鲁诺·纳瓦拉 (Bruno Navarra) 将《孙子》译成德文，书名是《中国古典兵家论战争的书》，但此书并未在德国军方产生多大的影响力。在经过两次世界大战之后，该书便已难觅踪影。第一次世界大战的始作俑者，德皇威廉二世，在战争失败被废黜后，曾阅读过德文本《孙子》。当他读到《火攻篇》中“主不可以怒而兴师，将不可以愠而致战，合于利而动，不合于利而止……”这段文字时，懊悔之意油然而生，不禁掩书喟叹：“可惜我 20 年前没有读到这本书啊，要不何至于有今天的结局。”

除了这些国家之外，在波兰等欧洲国家，《孙子》也渐渐为人所知。比如，波兰就产生了对《孙子》深有研究的著名学者克里斯托夫·高利考斯基（Krzystof Gawlikowski）（中文名：石施道），他曾撰文讨论《左传》中的战争观与孙武的区别，不乏独到见解。1956 年，法国罗歇·加卢瓦 (Roger Gaillois) 准将以《中国的兵法》为题，发表阿米奥的《孙子》译文和评论，使得法国人开始重新认识《孙子》。

20 世纪末期以来，国内外翻译出版的《孙子》外语译本层出不穷，加速了这部兵法的流传和推广。目前已知的有：日文、朝鲜文、法文、英文、俄文、德文、西班牙文、葡萄牙文、意大利文、捷克文、罗马尼亚文、荷兰文、希伯来文、阿拉伯文、越文、泰文、缅文、马来文等外文译本。

二、研究和应用

《孙子》传到欧洲，正值西方列强入侵中国之际。带着强盗逻辑的欧洲人，甚至把《孙子兵法》中的“诡道”当成是中国官员“奸诈成性”的直接证据。1900 年，法国前驻北京武官德·科唐索恩（M. de Cotenson）在《新评论》上发表文章指出：“中国兵法的特点就是‘将帅们奸诈狡猾，企图用各种手段欺骗对方’”这显然是一种经不起推敲的偏见。

许多西方军事理论家在构筑现代军事理论体系时，非常注意从《孙子》那里吸取营养、获得启示。如英国著名军事学家利德尔·哈特（Liddell Hart）在所著《战略论》的卷首，摘引了二十一条古往今来军事家的语录，其中第一至十五条都摘自《孙子》。他尤其称赞孙子“不战而屈人之兵”的全胜思想，将它推崇为“最完美的战略”。受孙子这一思想的启发，他创建了自己颇具特色的“间接路线”战略观点，使西方军事战略思想开始从单纯注重实力朝注重实力与运用智谋相结合的方向发展。又如美军统帅部在酝酿、制定著名的“空地一体战”理论过程中，从知彼知己、突然性、速战速决、机动作战、兵力使用和攻坚作战等六个方面，对《孙子》有关军事原则做了有益的借鉴。“空地一体战”理论的基本原则，概括起来不过寥寥八个字：主动、纵深、灵敏、协调。可是我们却可以看到它身上体现的孙子兵学的理性精神，由此也可见东西方兵学文化的沟通、互补、融合。

波兰学者石施道（K. Gawlikowski）则注意将孙子的理论与克劳塞维茨及西方其他军事理论家进行对比研究，对孙子军事理论的学术价值推崇备至。他同时认为，孙武的军事伦理思想对中国的社会科学思想也起到了积极的推动作用，并对规范中国人的思想和文化产生了影响。

罗马尼亚学者康斯坦丁·安蒂普（Constantin Antip）称赞《孙子》为古代世界军事思想“最佳名著之一”，认为它在帮助“更好地认识当时的世界史实”之外，也以“其带有原则性和具有普遍意义的、已证明为永恒的格言”，至今仍散发着魅力。

捷克学者雅罗斯拉夫·普鲁塞克（Jaroslaw Pru-seek）认识到《孙子》在战术方面的贡献，指出：“《孙子兵法》是世界上最古老的一部战术著作。……非军人是难以评估《孙子兵法》这部书的全部价值的。”这位汉学家同时认为，通过《孙子》可以越发认识到，中古时期的中国文化将永远是一个珍贵的源泉，供人类社会不断地汲取，产生新的活力。

德国学者布鲁诺·纳瓦拉（Bruno Navarra）在他《兵法——中国古典兵家论战争的书》一书中除了对《孙子》大加赞扬之外，还提出他的研究心得。他指出：“多年来，日本的士兵都是按《孙子》及《吴子》的思想进行战斗的。”同时认为：“《孙子》一书，必将为欧洲作者及其科学著述提供参考。”

欧洲人研究《孙子》，也有运用于实战的精彩案例。比如说在第二次世界大战中，盟军实施示形动敌、声东击西、欺敌误敌的欺骗战略，诱使德军对盟军的战略意图做出错误判断，盟军成功展开诺曼底登陆行动，开辟反法西斯第二战场。此役的作战指导原则，显然与孙子“利而诱之”“避实击虚”的思想如出一辙。

欧洲研究学者认为《孙子》在当今世界仍然具有重要作用和价值。英国人约翰·斯莱瑟（John Slessor）指出：“孙子引人入胜的地方，在于他的思想多么惊人的‘时新’——把一切辞句稍加变换，他的箴言就像昨天刚写出来的一样。”

近几十年来，欧洲各国也注意将《孙子》基本原理应用于广泛的社会日常生活领域，所付出的努力并不逊色于孙子的故乡，所取得的成绩也让人为之瞩目。在政治外交斗争领域，《孙子》的“伐谋”“伐交”思想，给政治领袖和外交官们以很大的启迪和教益，从而制定出一个个高屋建瓴的老谋深算的政治战略，扮演出一幕幕复杂精彩的纵横捭阖的外交活剧，尼克松、布热津斯基等人就是这方面的代表。

英国研究经济管理的学者也很重视《孙子》，注意将孙子的管理思想及相关原则与现代管理结合起来。英国学者布莱恩（Brian）等人撰文称，孙子的著作中充满了管理学方面的睿智见解。在他们看来，孙子所提出的“五事”——道、天、地、将、法，可以与管理学中的“政治、道德、法律环境；经济气候；市场与竞争；管理人员；方法、资源及本单位纪律”等五个方面一一对应。除此之外，他们还认为，“知彼知己”关乎企业的决策和商业活动的成败。孙子的情报思想，启示企业家必须重视搜集商业情报。就这一点来说，他们和日本的一些研究专家有殊途同归之感。

第三节 《孙子》在美洲

一、流传概况

《孙子》的英文译本是由英国传到美国的。就在第二次世界大战将近结束及稍后的日子，美国军事出版界开始连续出版发行《孙子》的英译本。当时美国出版界所采用的仍是英国人贾尔斯的译本，删去了其中的全部汉语及考证性注释，只保留具有军事价值的注释。此书曾获得连续出版，从而促进了美国军界对《孙子》的重视，也推动了相关研究的向前发展。

1963 年，塞缪尔·B. 格里菲斯（Samuel B. Griffith）根据孙星衍的《十家会注》重新翻译《孙子》，并由牛津出版社出版，使得《孙子》在美国的影响渐渐扩大。塞缪尔·B. 格里菲斯于 1956 年晋升至准将后，一直研究游击战理论，他认为游击战理论之源就是《孙子》。1961 年起，他将主修科目定为中国军事，并开始从事翻译《孙子》的工作。

20 世纪 80 年代以来，美国哈佛大学的托马斯·克利里（Thomas Cleary）又重新翻译出版了另一个《孙子》的英译本。经英国作家詹姆斯·克拉维尔（James Clavell）编辑和作序的贾尔斯英译本曾先后连续 10 次出版，大大促进了《孙子》在西方的传播。

除此之外，纽约斯特林出版社还组织翻译出版了陶汉章著《孙子兵法概论》的英译本。这是中国军内人士的著作译本，获得在国外出版的机会也属罕见，所以尽管该译本留有一些瑕疵，但仍然在国外产生一定影响。

1993 年，美国西视出版公司出版了拉尔夫·索耶（Ralph D. Sawyer）所译的《武经七书》。这是《武经七书》第一次全面完整地被译介给西方的读者，填补了东西方军事文化交流的空白。拉尔夫·索耶所译的《武经七书》，其中也有《孙子》的英文译本，推动了这部兵书在美国的流传。

时至今日，《孙子》已被世界上不少国家列为其军校的必修科目。美国在这方面堪称典型，《孙子》成为美军军官们的必读书目之一。美国著名大学中，凡教授战略学、军事课程的学校，大多都将《孙子》列作必修课，如美军的最高学府——国防大学，那些肩上扛着光灿灿金星的将军们，其战略学主修课的第一节课就是《孙子》，连克劳塞维茨的军事名著《战争论》在这里也相形见绌。美军西点陆军学院、印第安纳波列斯海军学院、科罗拉多空军学院、国防指挥参谋学院等著名军事院校也同样将《孙子》列为军官们的必修课。美军的作战条令和重要文件经常引用孙子格言，包括美国总统里根等都先后提及该书。

除了美国之外，《孙子》在加拿大等美洲国家也渐有流传。加拿大籍学者阿拉斯泰尔·约翰顿（Alastair Johnston）（中文名：江忆恩，美国哈佛大学教授）对包括《孙子》在内的不少中国典籍都有精深的研究。他曾于 1990 年 10 月“第二届孙子兵法国际研讨会”上发表了题为《浅谈西方对中国传统战略思想的解释》的论文，指出西方研究人员将中国传统战略思想只界定为“防御”，在认识上存有不足之处。他还就“义战”和“权变”之间的关系提出了自己独到的见解，认为“权变”尤其适用于“义战”学说，并促使后者更加执着地找到并运用一切必要手段，来摧毁不义之敌。

二、研究和应用

美国军界对于《孙子》的重视是在二战结束之后，甚至要推迟到 20 世纪六七十年代。在二战之后，美国有了多个《孙子》英文译本先后印行。毫无疑问，这些译本的出现，推动了美国的相关研究，一些深入研究孙子兵学思想的著作先后出现。当然，正如一位美国研究专家所指出的那样：《孙子》虽在西方世界早早流传，但是“直到 20 世纪 70 年代才为西方世界所广泛接触和了解”[①]。之所以会出现这种情况，是因为法国和美国军队在越南战场遭到了游击队的顽强抵抗，而这些游击队成功运用了孙子的

① （美）贝文·亚历山大：《〈孙子兵法〉与世界近现代战争》，新华出版社，2014 年 7 月第 1 版，第 2 页。

作战思想和作战原则。

1963 年，美国前中央情报局长艾伦·杜勒斯（Allen W. Dulles）在其所著《情报术》一书中，对孙子的《用间篇》表示出赞赏之情。他认为，古代西方虽然也搞间谍活动，但根本没有达到东方那样精深的程度，其中的重要原因就是东方拥有《孙子》这本兵学经典。杜勒斯认为，孙子在《用间篇》等文字中，已经论述了整个情报术。

1982 年，由唐纳德·丹尼尔 (Donald C. Daniel) 和凯瑟琳·赫尔比格 (Katherine L. Herbig) 合作完成的《战略军事欺骗》在美国佩尔出版社出版。该书从战略的角度阐述了军事欺骗的重大意义，并且专门大量论述《孙子》的“诡道”论，认为这不仅是孙子的重要思想，同时历来被认为是中国将领的一种重要才智，甚至认为毛泽东军事思想中有关军事欺骗等理论与孙子的“诡道”“兵贵胜”等原则，也是有着紧密的内在联系。格里菲斯等人认为，毛泽东的游击战思想很大程度得益于孙子的军事思想。美国人因为一贯重视对毛泽东的研究，也就此对《孙子》格外重视起来。

在政治和外交领域中，《孙子》的“伐谋”“伐交”思想，给了美国政治领袖和外交官们以很大启迪。尼克松、布热津斯基等人，可以算作这方面的代表人物。根据美国夏威夷大学哲学系安乐哲（Roger T. Ames）教授的研究，美国多位总统的战略思想与孙子有惊人的暗合之处，他们应该多少研读过《孙子》并受到其直接启发。

比如美国第 37 任总统尼克松曾著有《不战而胜》。这本书用了大量篇幅论述如何运用孙子的外交策略，来保证世界局势朝着有利于美国的方向发展。并且他批评美国违反了《孙子》“不战而屈人之兵”的原则，盲目发动武力，从而深深陷入了越战的泥潭。在实际的外交工作中，尼克松非常注意运用孙子“伐谋”“伐交”思想。很显然，尼克松曾对《孙子》有过深入研究。

1980 年 5 月，尼克松在其所著《真正的战争》一书中，运用《孙子》批判肯尼迪的“灵活反应”战略。他引用孙子“上兵伐谋，其次伐交，其次伐兵，其下攻城“这句话，进而提出主张认为，战胜对手不能仅仅依靠军事威慑，必须学会合理运用孙子的谋略，即“避实击虚”“以奇胜”等。当然，尼克松认为保持军事实力，加强核威慑，仍是实施威慑战略和不战而胜的前提。

第 39 任总统卡特借鉴孙子的兵学理论，制定出新的“核战略”。其国家安全顾问兹·布热津斯基（Brzezinski），也非常注意运用孙子的谋略研究美、苏争夺的地缘战略问题。1986 年，他出版了《运筹帷幄》一书，对孙子的名言“不战而屈人之兵”及“上兵伐谋”等，加以引用和论述。布热津斯基借用孙子“上兵伐谋”的理论指出，美国要想在美苏争夺中不战而胜，“上策是挫败苏联的政策和利用苏联的弱点”。

美国第 40 任总统里根曾在西点军校的毕业典礼上，引用孙子“是故百战百胜，非善之善也；不战而屈人之兵，善之善者也”一语，号召美军建设一支谁都不敢挑衅的真正成功的军队。

美国国会研究防务问题专家、美国国防大学战略研究所所长约翰·柯林斯 (John Collins) 所著《大战略》一书中，在讨论美国的战略及对外政策等问题时，曾多次援引孙子的名言，也对《孙子》给予了高度评价。柯林斯指出：“孙子是古代第一个形成战略思想的伟大人物。‘孙子十三篇’可与历代名著包括 2200 年之后克劳塞维茨的著作媲美。对战略的相互关系、应考虑的问题和所受的限制，今天没有一个人比他有更深刻的认识。

他的大部分观点在我们的当前环境中仍然具有和当时同样重大的意义。”除此之外，柯林斯还看到《孙子》兵学思想对现代作战行动所起到的指导作用。他尤其借用孙子“机动”原则，对于战略机动的实质进行了精辟的分析。比如就战略机动而言，都必须要既调动对手，也同时确保己方立于不败之地——即孙子所说的“致人而不致于人”。

美国在总结战争经验、发展现代军事理论方面，高度重视和认真借鉴《孙子》的基本思想。在海湾危机阶段或海湾战争的临战阶段，美国舆论界的有识之士和海军陆战队的不少将领都很重视研究《孙子》，希望从这本书中寻找机动作战和解决危机的答案。美国前任陆军参谋长，驻越南侵略军司令威斯特摩兰（Westmoreland）在自己那部题为《一个军人的报告》著作中，对照孙子的理论，检讨了美军陷身于越南战场的严重错误，提出美军应该撤出越南的意见。《大战略》的作者柯林斯也在深刻领会孙子真谛的情况下，总结指出，美国正是忽视了孙子“上兵伐谋”的忠告，愚蠢地投入了越南战争这片泥沼之中而不能自拔。

美国著名的军事历史和军事战略专家贝文·亚历山大(Bevin Alexander) 撰写了《〈孙子兵法〉与世界近现代战争》一书，对近现代十场重大战役进行了认真总结，除了认同孙子“不战而屈人之兵”的战争目标追求之外，也指出了孙子“避实击虚”等作战原理是用兵的常识，不仅不可违背，甚而只能是老老实实、不折不扣地加以运用：“那些不使用这些常识的将领们很可能遭到失败的命运，而那些运用这些常识的将领们则很可能取得成功”[①]，比如就朝鲜战争而言，美军成功地在仁川登陆是遵

①（美）贝文·亚历山大：《〈孙子兵法〉与世界近现代战争》，新华出版社，2014 年 7 月第 1 版，第 292 页。

循了孙子“以奇胜”的原则，但美军随后在朝鲜战争的失败，则是因为违反了孙子“胜兵先胜而后求战”的原则。

《孙子》的基本原理可以与现代社会生活相紧密结合，远远超越于军事，不仅应用广泛，而且影响显著。这一点已成为世界上许多人的共识，美国人也不例外。美国第 41 任总统老布什就曾说过，《孙子》不只是兵家宝典和哲学范文，同时也因为其中蕴含了非凡的智慧，从而对各行各业起着指导作用。第 42 任美国总统克林顿也曾指出，《孙子》所提供的是没有时代界限的处事原则，无论对政治家还是对各种企业家，都是可以学习的老师，可以获得指导的教典。

美国人素来以傲慢自大、不可一世著称，无与伦比的雄厚经济实力使得他们具备傲慢自尊的资格。可是在短短六千言的《孙子》面前，他们却收敛了自己的傲慢之态，变得相当虚心。著名的管理学家乔治就曾这样向人们发出忠告：“你想成为管理人才吗？那就必须去读《孙子》。”一直以工商管理学最高学府自居的哈佛大学商业管理学院，也这样严肃告诫他的学生：不研究《孙子》，就不能成为真正的现代管理者。

1989 年，加拿大马克马斯特大学金融、工商经济学教授陈万华和南开大学管理学系教授陈炳富合著《孙子兵法及其在管理中一般应用》，他们从《孙子》十三篇出发，结合现代商业活动的基本特点，提出了《孙子》在管理中一般应用的 6 项原则：最大最小原则，即以最小的人员和资金投入取得最大的有效产出；激励原则；时间和效率原则；适应环境变化的原则；情报原则；组织原则。这种非常新颖独到的总结，是他们对《孙子》进行深入研究之后所取得的成果，对现代商业活动也有很好的指导作用。

主要参考文献

一、著作

陆达节:《孙子考》,重庆军用图书社石印本,齐鲁书社,1992年影印本。

郭化若:《孙子译注》,上海古籍出版社,1984 年 9 月第 1 版。

吴如嵩:《孙子兵法新论》,解放军出版社,1989 年 6 月第 1 版。

吴如嵩:《孙子兵法新说》,解放军出版社,2008 年 1 月第 1 版。

吴九龙主编:《孙子校释》,军事科学出版社,1990 年 7 月第 1 版。

魏汝霖:《孙子今注今译》,(台湾)商务印书馆,1972 年 8 月初版。

李零:《兵以诈立:我读〈孙子〉》,中华书局,2006 年 8 月第 1 版。

李零:《孙子十三篇综合研究》,中华书局,2006 年 4 月第 1 版。

李零:《〈孙子〉古本研究》,北京大学出版社,1995 年 7 月第 1 版。

杨炳安校理:《十一家注孙子校理》,中华书局,1999 年 3 月第 1 版。

杨炳安:《孙子会笺》,中州古籍出版社,1986 年 8 月第 1 版。

于汝波主编:《孙子兵法研究史》,军事科学出版社,2001 年 9 月第 1 版。

于汝波主编:《孙子学文献提要》,军事科学出版社,1994 年 10 月第 1 版。

黄朴民:《孙子兵法解读》,中国人民大学出版社,2008 年 10 月第 1 版。

黄朴民、高润浩：《〈孙子兵法〉新读》，长春出版社，2008 年 1 月第 1 版。

黄朴民：《先秦两汉兵学文化研究》，中国人民大学出版社，2010 年 10 月第 1 版。

黄朴民：《春秋军事史》，军事科学出版社，1998 年 10 月第 1 版。

钮先钟：《孙子三论》，广西师范大学出版社，2003 年 8 月第 1 版。

（日）佐藤坚司：《孙子研究在日本》，军事科学出版社，1993 年 2 月第 1 版。

（日）服部千春：《孙子兵法校解》，军事科学出版社，1987 年 3 月第 1 版。

（美）贝文·亚历山大：《〈孙子兵法〉与世界近现代战争》，新华出版社，2014 年 7 月第 1 版。

许保林：《中国兵书通览》，解放军出版社，2002 年 1 月第 2 版。

雷海宗：《中国文化与中国的兵》，商务印书馆，2001 年 6 月第 1 版。

中国军事史编写组：《中国历代军事战略》，解放军出版社，2006 年 1 月第 1 版。

中国军事史编写组：《武经七书注译》，解放军出版社，1986 年 8 月第 1 版。

中国军事史编写组：《中国军事史·兵家》，解放军出版社，1990 年 5 月第 1 版。

糜振玉主编：《中国军事学术史》，解放军出版社，2008 年 1 月第 1 版。

钮先钟：《中国古代战略思想新论》，安徽教育出版社，2005 年 8 月第 1 版。

姜国柱：《中国军事思想通史》，中国社会科学出版社，2006 年 11 月第 1 版。

赵国华：《中国兵学史》，福建人民出版社，2004 年 11 月第 1 版。

许保林：《中国兵书通览》，解放军出版社，2002 年 1 月第 2 版。

二、论文

齐思和：《〈孙子兵法〉著作时代考》，《燕京学报》第 26 期。

蓝永蔚：《〈孙子兵法〉时代特征考辨》，《中国社会科学》1987 年第 3 期。

杨炳安、陈彭：《孙子兵学源流述略》，《文史》第 27 辑。

李零：《现存宋代〈孙子〉版本的形成及其优劣》，《文史集林》第 2 辑。

于汝波：《孙子学文献述论》，《军事历史研究》1993 年第 4 期。

霍印章：《论〈孙膑兵法〉与〈孙子兵法〉的师承关系》，《孙子新探》1990 年 2 月第 1 版。

黄朴民：《齐文化与先秦军事思想的发展》，《学术月刊》1997 年第 11 期。

黄朴民：《诸子学说与战国兵书文化精神的构建》，《浙江社会科学》1996 年第 5 期。

黄朴民：《〈孙子兵法〉研究一百年》，《管子学刊》2013 年第 4 期。

黄朴民、宋培基：《〈孙子兵法〉的吴文化特征》，《光明日报》2006 年 5 月 9 日。

刘庆：《〈孙子兵法〉与齐国兵学》，《军事历史研究》1992 年第 3 期。

苏桂亮、（泰）庄培洁：《〈孙子兵法〉在泰国的传播与影响》，《孙子研究》2015 年第 1 期。

韩胜宝：《韩流汉风话孙武——“孙子兵法全球行”韩国情况报告》，《滨州学院学报》2014 年第 5 期。

熊剑平：《日本的〈孙子〉研究》，《军事历史研究》2011 年第 2 期。

熊剑平：《〈孙子〉著录考》，《军事历史》2010 年第 5 期。

熊剑平：《曹操与〈孙子〉》，《军事历史研究》2012 年第 3 期。

《中国珍贵典籍史话丛书》已出版书目

序号	书名	著者	定价	出版时间	条码
1	打开西夏文字之门	聂鸿音　著	48.00	2014年7月	ISBN 978-7-5013-5276-0
2	《文苑英华》史话	李致忠　著	52.00	2014年9月	ISBN 978-7-5013-5273-9
3	敦煌遗珍	林世田 杨学勇 刘　波　著	58.00	2014年9月	ISBN 978-7-5013-5274-6
4	康熙朝《皇舆全览图》	白鸿叶 李孝聪　著	45.00	2014年9月	ISBN 978-7-5013-5351-4
5	慷慨悲壮的江湖传奇	张国风　著	52.00	2014年10月	ISBN 978-7-5013-5442-9
6	《太平广记》史话	张国风　著	48.00	2015年1月	ISBN 978-7-5013-5484-9

7	《永乐大典》史话	张忱石　著	48.00	2015 年 1 月	ISBN 978-7-5013-5493-1
8	《玉台新咏》史话	刘跃进 原著 马燕鑫 订补	53.00	2015 年 1 月	ISBN 978-7-5013-5530-3
9	《史记》史话	张大可　著	52.00	2015 年 6 月	ISBN 978-7-5013-5587-7
10	西夏文珍贵典籍史话	史金波　著	55.00	2015 年 9 月	ISBN 978-7-5013-5647-8
11	《金刚经》史话	全根先 林世田　著	38.00	2016 年 6 月	ISBN 978-7-5013-5803-8
12	《太平御览》史话	周生杰　著	45.00	2016 年 10 月	ISBN 978-7-5013-5874-8
13	春秋左传史话	赵伯雄　著	45.00	2016 年 11 月	ISBN 978-7-5013-5880-9
14	《尔雅》史话	王世伟　著	38.00	2016 年 12 月	ISBN 978-7-5013-5938-7
15	《广舆图》史话	成一农　著	48.00	2017 年 1 月	ISBN 978-7-5013-5990-5

16	《齐民要术》史话	缪启愉 缪桂龙　著	45.00	2017年4月	ISBN 978-7-5013-5978-3
17	《淳化阁帖》史话	何碧琪　著	55.00	2017年4月	ISBN 978-7-5013-6055-0
18	《四库全书总目》：前世与今生	周积明 朱仁天　著	58.00	2017年4月	ISBN 978-7-5013-5926-4
19	《福建舆图》史话	白鸿叶 成二丽　著	40.00	2018年1月	ISBN 978-7-5013-5979-0

国家图书馆出版社简介

国家图书馆出版社1979年成立，原名“书目文献出版社”，1996年更名为“北京图书馆出版社”，2008年改为现名。

本社是文化部主管、国家图书馆主办的中央级出版社。2009年8月新闻出版总署首次经营性图书出版单位等级评估定为一级出版社，并授予“全国百佳图书出版单位”称号。2014年被全国哲学社会科学规划办公室评定为“国家社科基金后期资助项目推荐申报出版机构”。

建社三十余年来，形成了两大专业出版特色：一是整理影印各种稀见历史文献；二是编辑出版图书馆学和信息管理科学著译作，出版各种书目索引等中文工具书。此外还编辑出版各种文史著作和传统文化普及读物。